Mariano
en tu familia

MARIANO OSORIO

Mariano
en tu familia

NEW HANOVER COUNTY
PUBLIC LIBRARY
201 CHESTNUT STREET
WILMINTON, NC 28401

Copyright © Mariano Osorio, 2008.
Título: *Mariano en tu familia.*

AGUILAR

De esta edición:
D. R. © Santillana Ediciones Generales, S.A. de C.V., 2008.
Av. Universidad 767, Col. del Valle.
México, 03100, D.F. Teléfono (52 55) 54 20 75 30

Argentina
Av. Leandro N. Alem 720.
C1001AAP, Buenos Aires.
Tel. (54 114) 119 50 00
Fax (54 114) 912 74 40

Bolivia
Av. Arce 2333.
La Paz.
Tel. (591 2) 44 11 22
Fax (591 2) 44 22 08

Colombia
Calle 80, 10-23.
Bogotá.
Tel. (57 1) 635 12 00
Fax (57 1) 236 93 82

Costa Rica
La Uruca,
Edificio de Aviación Civil, 200 m
al Oeste
San José de Costa Rica.
Tel. (506) 220 42 42 y 220 47 70
Fax (506) 220 13 20

Chile
Dr. Aníbal Ariztía 1444.
Providencia.
Santiago de Chile.
Telf (56 2) 384 30 00
Fax (56 2) 384 30 60

Ecuador
Av. Eloy Alfaro N33-347
y Av. 6 de Diciembre.
Quito.
Tel. (593 2) 244 66 56
y 244 21 54
Fax (593 2) 244 87 91

El Salvador
Siemens 51.
Zona Industrial Santa Elena.
Antiguo Cuscatlan - La Libertad.
Tel. (503) 2 505 89 y 2 289 89 20
Fax (503) 2 278 60 66

España
Torrelaguna 60.
28043 Madrid.
Tel. (34 91) 744 90 60
Fax (34 91) 744 92 24

Estados Unidos
2105 NW 86th Avenue.
Doral, FL 33122.
Tel. (1 305) 591 95 22 y 591 22 32
Fax (1 305) 591 91 45

Guatemala
7ª avenida 11-11.
Zona nº 9.
Guatemala CA.
Tel. (502) 24 29 43 00
Fax (502) 24 29 43 43

Honduras
Boulevard Juan Pablo, casa 1626.
Colonia Tepeyac.
Tegucigalpa.
Tel. (504) 239 98 84

México
Av. Universidad, 767.
Colonia del Valle.
03100, México D.F.
Tel. (52 5) 554 20 75 30
Fax (52 5) 556 01 10 67

Panamá
Av. Juan Pablo II, 15.
Apartado Postal 863199,
zona 7.
Urbanización Industrial La
Locería. Ciudad de Panamá
Tel. (507) 260 09 45

Paraguay
Av. Venezuela 276.
Entre Mariscal López y España.
Asunción.
Tel. y fax (595 21) 213 294
y 214 983

Perú
Av. San Felipe 731.
Jesús María.
Lima.
Tel. (51 1) 218 10 14
Fax. (51 1) 463 39 86

Puerto Rico
Av. Roosevelt 1506.
Guaynabo 00968.
Puerto Rico.
Tel. (1 787) 781 98 00
Fax (1 787) 782 61 49

República Dominicana
Juan Sánchez Ramírez 9.
Gazcue.
Santo Domingo RD.
Tel. (1809) 682 13 82
y 221 08 70
Fax (1809) 689 10 22

Uruguay
Constitución 1889.
11800.
Montevideo.
Tel. (598 2) 402 73 42
y 402 72 71
Fax (598 2) 401 51 86

Venezuela
Av. Rómulo Gallegos.
Edificio Zulia, 1º.
Sector Monte Cristo.
Boleita Norte.
Caracas.
Tel. (58 212) 235 30 33
Fax (58 212) 239 10 51

Primera edición: octubre de 2008.

ISBN: 978-607-11-0030-6

Coordinadora de la edición: Rocío Escalona

D. R. © Diseño de cubierta y de interiores: Fernando Ruiz Zaragoza
D. R. © Fotografías de interiores: Blanca Charolet, www.grupocharolet.com; excepto las de las páginas 23, 51, 82, 96, 100, 133, 152, 163, 198 y 201, tomadas de www.photos.com y www.liquidlibrary.com
D. R. © Fotografías de portada y cartel: Adolfo Pérez Butrón

Impreso en México.

Todos los derechos reservados. Esta publicación no puede ser reproducida, ni en todo ni en parte, ni registrada en o transmitida por un sistema de recuperación de información, en ninguna forma ni por ningún medio, sea mecánico, fotoquímico, electrónico, magnético, electroóptico, por fotocopia o cualquier otro, sin el permiso previo, por escrito, de la editorial.

Dedicatoria

Con amor y gratitud:
A Teté, por su fuerza inspiradora
y extraordinaria forma de amarme.
A mi mamá, por enseñarme a vivir
con alegría, pasión y tenacidad.
A Mariano, Alejandro y Regina…

Índice

Agradecimientos 11

Introducción 13

La maternidad: ¿Un honor castigado? 15

Todo lo que puedes hacer por
    tu bienestar y sólo tienes que atreverte 29

Cimientos sólidos para tus
    hijos pequeños 41

Mamás solteras: ¿Protagonistas
    en busca del anonimato? 63

La Ley de la atracción o sólo
    ¿atracción a esta ley? 83

No hay parejas felices, ¡hay personas
    felices que hacen pareja! 97

¿De qué adolecen los adolescentes? 109

El dinero y nuestros hábitos 135

Los papás maravillosos y... los que
    pueden serlo 147

Heredar una enfermedad es sólo
    una posibilidad, el resto está en
    nuestras manos.. 157

A nuestros queridos viejos............................. 173

Alcoholismo en los padres,
    ¿cómo proteger a nuestros hijos?............ 181

Los amigos de verdad siempre traen
    cosas buenas a nuestra vida 195

Volver a empezar... 203

Epílogo.. 211

Bibliografía 213

Acerca del autor 215

Agradecimientos

Quiero agradecer, una vez más, a los fieles radioescuchas que me acompañan desde hace muchos años y quienes, con su maravilloso y valiente deseo por una vida mejor, me motivan fuertemente a escribir este segundo libro.

También agradezco, y doy la bienvenida, a los muchos nuevos radioescuchas que me brindan la oportunidad de acercarme a su vida y que convencidos, se suman a este extraordinario camino hacia la transformación de un México más libre, más sano y más feliz.

Gracias a Grupo Radio Centro por su apoyo permanente y valiosa apertura a mis ideas y propuestas, gracias por permitirme trabajar con libertad y entrega.

Gracias a Editorial Santillana por creer en el valor de mi trabajo e interesarse en mi más grande pasión: *Comunicar y compartir todo aquello que contribuya al bienestar del ser humano.* En especial a Patricia Mazón, por su sensibilidad y paciencia para la consolidación de este nuevo proyecto.

A mi adorada Blanca Charolet por compartir una vez más su valioso talento, iluminando las páginas de este libro con sus hermosas fotografías.

A Ema Massry, por su invaluable y cálido respaldo de siempre.

A mi equipo de trabajo: mi aprecio e inmensa gratitud por auxiliarme, comprenderme y participar con alegría y gran disposición en el crecimiento de mis responsabilidades, tanto en mi vida personal como profesional.

A Rocío Escalona, por su presencia definitiva en mi vida, motor de ideas y sueños que enriquecieron este proyecto hasta hacerlo realidad.

Mi más profundo agradecimiento a mi familia, a Diego, la Chofas y a los amigos que detuvieron su propio camino para ayudarnos a mi esposa, mis hijos y a mí, a continuar con el nuestro. Su amor y apoyo incondicional nos ayudaron a confirmar que las experiencias dolorosas son también una valiosa oportunidad para cultivar el entusiasmo, la actitud positiva y el amor a la vida. ¡Gracias de todo corazón!

Introducción

Mariano en tu familia no es sólo la continuación de mi primer libro, sino una valiosa confirmación de mi fundamento como ser humano, como padre, como esposo y como comunicador: *la energía positiva en nuestra vida nos proporciona tolerancia, claridad mental, creatividad y armonía.*

La serie y el libro de *Mariano en tu vida* surgieron en momentos de luz y esplendor, cobijando cada palabra, cada pensamiento y cada sugerencia con la benevolencia de hermosas experiencias y logros alcanzados a través de enormes deseos y arduo trabajo.

Hoy, este libro lleva en cada letra, cada palabra y cada sugerencia la auténtica confirmación de mi fundamento. Recientemente viví en carne propia la adversidad, la angustia a lo desconocido y el desconcierto que provoca el dolor por lo que creemos no merecer: mi esposa, a quien amo profundamente, enfermó de cáncer poco después del nacimiento de nuestra hija, la más pequeña.

Mi familia, mi trabajo, mis amigos, pero ante todo mi fundamento, me han mantenido fuerte y con la fe más sólida para aceptar este suceso como una experiencia de la cual puedo aprender y jamás olvidar todo lo demás que en mi vida existe y por ello sentirme agradecido en todo momento.

Después de largos meses de cuidados y atenciones médicas, pero sobre todo, gracias a Dios y al enorme amor de mi esposa por nuestros hijos, por mí y por su propia vida, hoy ella se encuentra fuera de peligro.

Puedo decirte con certeza, querido lector, que el haber amado siempre a mi familia y no esperar a vivir un suceso como éste para darme cuenta de lo mucho que me importan, ha sido el mejor de mis aciertos. Hoy conozco la trascendencia que tiene en cada uno el haberlos considerado una prioridad en mi vida, el no escatimar un "te quiero", un abrazo, ni el más mínimo momento para compartir con ellos desde el primer día en que llegaron a mi vida y desde que yo llegué a la suya.

Mariano en tu familia está lleno de verdaderas reflexiones, de energía positiva, de mucho, mucho amor y de fe, con la sola intención de convencerte de que tu actitud positiva podrá siempre detener el dolor, alcanzar lo imposible, comprender lo desconocido y, sobre todo, ayudarte a vivir en el presente, en el ahora, en esta tierra donde hoy tienes vida.

De igual forma que en el libro *Mariano en tu vida* te sugiero que a tu propio ritmo, poco a poco, te permitas descubrir, reflexionar y sólo elegir las propuestas o sugerencias que comulguen con tu forma de ser y de pensar.

La maternidad:
¿Un honor castigado?

> *No distraigas tu atención de lo que verdaderamente importa.*

Alguna vez comenté en mi programa de radio sobre las parejas que hablan de la paternidad; si les peguntas cómo les va, te responden con una interminable lista de lamentos: "No han dormido lo suficiente", "no han salido con sus amigos", "no le atinan a la mejor hora para bañar al bebé", etcétera. Pero si se encuentran con otra pareja que anuncia su embarazo, lejos de lamentarse se emocionan, lloran de alegría, los felicitan y los abrazan con gusto, expresan, además, todo lo hermoso e increíble que representa la llegada del bebé a su vida.

Tú como mamá, ¿no crees que es posible mantenerte sintonizada sólo en lo maravilloso que significa ser mamá? Tal vez una forma de lograrlo sea realizando sólo las cosas o actividades que son necesarias hacer hoy, en este momento, y las que pueden esperar para mañana, la próxima semana, incluso para el próximo mes, cuando te sientas menos cansada o con menos estrés.

Intenta evaluar de manera objetiva tus actividades a lo largo de cada día, tal vez te des cuenta que algunas no son absolutamente necesarias. Enseña y apoya a tus hijos a hacer tareas aptas para su edad y acepta la forma en que tu pareja pueda ayudarte.

¿Vives frustrada porque tu percepción diaria no coincide con la realidad?

Realiza este pequeño pero interesante ejercicio, el cual puede ayudarte a equilibrar tu vida, mirar con claridad todo lo que pasa a tu alrededor como mamá: tus quehaceres, tu trabajo —incluso fuera de casa si es tu caso—, el comportamiento y desarrollo de tus hijos, las cosas que hace o deja de hacer papá para ayudarte en el hogar.

Imagina que cambias tu radio de lugar y cuando lo prendes de nuevo, no logras escuchar nítidamente la emisión. Lo primero que piensas es que tal vez no está recibiendo bien la señal en el sitio que ahora se encuentra; entonces, lo mueves a otro lado, tampoco funciona, lo regresas al mismo y sigue igual. Entonces piensas que seguramente el problema viene de la estación o tal vez sea la lluvia, el caso es que empiezas a enfadarte, lo apagas, lo vuelves a prender, lo vuelves a cambiar de lugar y después de un buen rato de buscar aquí y allá, te das cuenta que sólo necesitabas sintonizar de nuevo el *dial*, ¡ajustarlo en el cuadrante exacto para escucharlo con nitidez!

¿Te das cuenta?

No lleves tus pensamientos a los extremos, no veas tu vida en blanco o negro, buena o mala.

Cuando las cosas no estén funcionando a tu alrededor o necesitan tu atención, ubica tu perspectiva en el cuadrante exacto de lo que realmente sucede.

Cuando sintonices tus pensamientos de acuerdo con la realidad, obtendrás una percepción nítida de lo que debes hacer o no en tu vida como mamá.

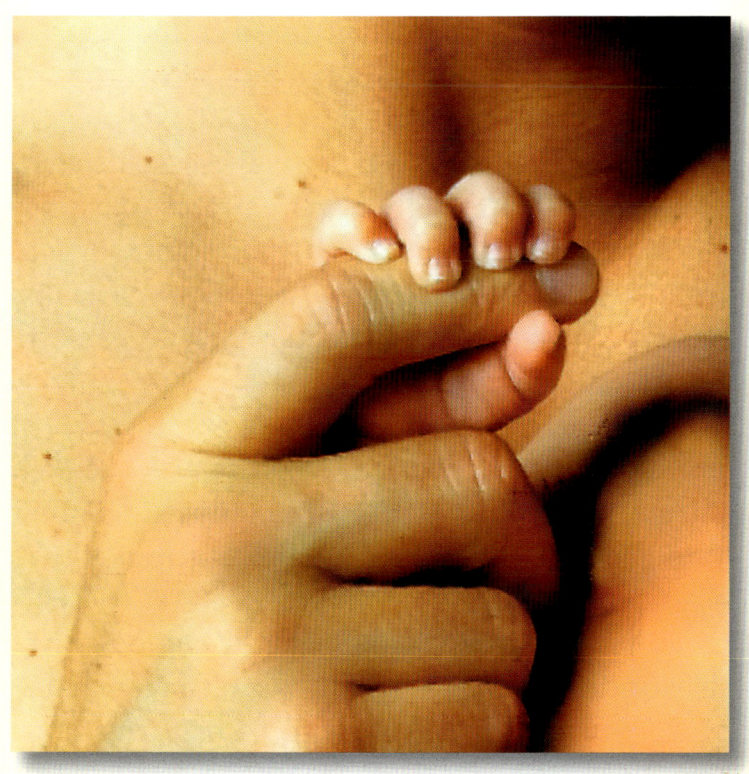

> *¡El mejor regalo que puedes darte a ti misma, es tu propia aprobación!*

La falta de autoestima en las mamás es muy frecuente y uno de sus mayores problemas. Con esta afirmación no pretendo decir que sea problema exclusivo de las mujeres y que ellas solas deban resolverlo, lo que me interesa es ofrecerte algunas ideas para mejorar tu calidad de vida como mamá.

Según los expertos, la falta de autoestima es principalmente generada o por la falta de aprecio de los padres durante la niñez o el exceso de amor malentendido, limitante o sobre protector.

Si tus padres no pudieron, o no supieron, contribuir al buen desarrollo de tu autoestima es una pena, pero en lugar de lamentarlo, mejor vamos a reparar el daño, ¿qué te parece?

Primero, es importante que reconozcas que el principal sentimiento de falta de valor viene de ti misma, de la autocrítica severa a todo lo que haces y, lo peor de todo, es que con esta actitud invitas a los demás a que lo hagan también.

Si te comparas constantemente con otras mamás, si deseas criar a tus hijos exactamente como lo hizo tu mamá, tu amiga "x", o tu hermana; si piensas que tu aspecto físico y todo lo que haces debe tener el visto bueno de tu familia, definitivamente tu autoestima anda por los suelos.

Ni todo el amor de tu familia, ni la perfección en lo que hagas o el cuidado de tu belleza exterior te darán la autoestima que necesitas, no avanzarás en este aspecto si tú misma no te aceptas o valoras por lo que eres.

Cuando dependes de la aprobación de los demás te vuelves, en extremo, vulnerable al fracaso.

Deja de preocuparte por la aprobación de los otros y disfruta lo que haces, recuerda que tu familia cree en ti, y tu presencia saludable es muy importante para ella.

Por más que te esfuerces no podrás ser otra que no seas tú, así que acéptate de una vez y goza la experiencia de estar ahí, en el centro del hogar. ¡Siente aprecio por ti y descubre lo hermosa, divertida, inteligente y capaz que puedes ser cuando eres TÚ!

> *Aprecia el valor de tu cuerpo, de tu persona, de esta forma estarás lista para dar y recibir amor como mujer: ¡como mamá!*

Cuando celebres el día de las madres y recibas de tus hijos y de tu marido los mejores deseos: "¡Que seas feliz, eres la mejor mamá del universo!" "¡La más amada, la más bonita!" ¡Créelo de verdad! ¡Además, regálate algo a ti misma! por ejemplo: *¡Un poco de tiempo para ti!*

Te sugiero que algunos días tengas como prioridad dedicarlo a tu salud, tanto física como emocional. Piensa en lo que necesitas hacer o dejar de hacer hoy para cuidar tu salud, como ser humano y como mujer, antes que como mamá.

Revisa lo que comes, lo que tomas y lo que haces para ejercitar tu cuerpo. Tal vez seas una mamá joven, una mamá soltera o divorciada, cualquiera que sea tu caso siempre es posible mejorar tu calidad de vida, siempre habrá una forma y un camino para lograrlo, sólo necesitas desearlo.

Te invito a que hoy mismo empieces a practicar las siguientes y sencillas sugerencias que te ayudarán a relajar tu cuerpo y tu mente de las numerosas actividades que como mamá tienes:

Al medio día y por la noche, antes de ir a dormir, realiza el siguiente ejercicio de respiración:

Inhala por la nariz contando hasta 4, sostén tu respiración contando del 5 al 7 y, exhala por la boca contando del 8 al 12. Este sencillo ejercicio relajará tu presión cardiaca, tu ánimo y tu visión del día. O inténtalo cada que percibas tensión en el cuello, los hombros o la espalda, esta práctica tan simple te ayudará a relajarlos.

Haz un hábito el revisar tu postura cuando cargues a tus hijos y objetos pesados, especialmente tus pies, rodillas y cintura.

> *Entre más independiente seas, mayor seguridad tendrás en ti misma y mayor capacidad para comprender cómo los demás te demuestran su aprecio.*

El amor de nuestra pareja, así como el de nuestros hijos y de todos nuestros seres queridos, es en esencia una razón muy importante para ser feliz, sin embargo y aunque no lo creas, es aún más importante amarse a uno mismo para poder amar verdaderamente a los demás.

Tómate un momento a solas y piensa en algunas personas que conoces y tienen el amor y la compañía que necesitan para ser felices y no lo son. Te das cuenta que siempre están tristes o enojadas con quienes viven o con lo que hacen, y por más que tú revuelves en tus pensamientos no encuentras la razón a su descontento.

Alguna vez has pensado que cuando no te sientes valorada por lo que haces como mamá o no recibes la misma "cantidad" o "calidad" de amor que eres capaz de dar, es porque te has vuelto 100 por ciento dependiente del amor de los demás y te has olvidado del tuyo.

No te sientas mal, seguramente la entrega incondicional a tu familia te ha impedido darte cuenta de ello de manera consciente. Lo importante es reconocerlo y aceptar que la principal responsable de tus sentimientos eres tú.

Tú eres la que decide cómo reaccionar ante las acciones y actitudes de tus seres queridos hacia ti. Las personas —incluso los niños— que demandan demasiada atención de los demás siempre son quienes tienen mayor dificultad para comunicarse o mantener relaciones duraderas.

Si mantienes tu independencia como ser humano y te amas a ti misma tanto como a tu familia, no te sentirás vacía y mucho menos tendrás espacio en tu mente para albergar pensamientos de desamor, olvido o resentimiento.

Cuando aprendes a aceptar las diferencias de los otros, estás en el camino correcto para encontrar el eslabón perdido en algunas de tus relaciones.

Conociste al hombre de tus sueños y con él te casaste, pero resulta que olvidaste que cuando uno se casa no sólo es con la pareja, sino con la familia también. En algunos casos puede ser muy interesante si eres hija única y con poca familia. Pero, ¿qué hacer cuando la suegra es un dolor de cabeza?

Tal vez antes de tener hijos tuviste oportunidad de sobrellevar la relación, pues de alguna manera tenías más chance de escabullirte y no caer en la provocación. Pero ahora que eres mamá la situación empieza a desesperarte: "No destapes al niño cuando le des de comer." "Ponle el trajecito de lana que le tejí", aunque estemos a 30 grados de temperatura. "Debes darle pecho hasta los 3 años para que crezca sano."

Y lo peor de todo es que tu esposo te da la razón cuando te quejas, pero no se atreve a pedirle a su mamá que no intervenga y, además, ¡te pide que confíes en su experiencia y mantengas la fiesta en paz!

¿Qué puedes hacer para sobrevivir a lo imposible? Te voy a sugerir 3 cosas para lograrlo:

Primero: Piensa que tu suegra no tiene nada contra ti, ya que cualquier otra mujer casada con su hijo pasaría por lo mismo. Así que sigue una regla de oro: no lo tomes personal.

Segundo: Piensa que tomar una actitud defensiva ante lo que ella te propone o comenta te hace ver como una persona insegura. Date la oportunidad de escucharla y concédele el beneficio de la duda, esto propiciará un ambiente más cordial y por lo tanto, ella no sentirá la necesidad de hacerse notar. Si le das la mano y se toma el pie, de manera amable pero firme házle sentir que te molesta.

Tercero: No vuelvas un hábito criticar a tu suegra en presencia de tu esposo, no olvides que todos podemos criticar a nuestros propios padres pero nunca estamos de acuerdo cuando alguien más lo hace, además de que nos enoja, nos lastima.

Todo lo que puedes hacer por tu bienestar y sólo tienes que atreverte

¡Cuidar tu cuerpo es amarte a ti mismo!

Tu salud depende principalmente de ti, de tu responsabilidad de atender las señales que tu cuerpo envía. Te sugiero que consideres la posibilidad de llevar a cabo un chequeo general. Puedes acudir a tu médico familiar o a tu servicio de salud correspondiente y solicitar un examen de sangre y de orina, esto te ayudará a prevenir o detectar alguna enfermedad y recibir atención inmediata.

En muchos casos los síntomas de enfermedades serias son fácilmente confundibles con el cansancio por exceso de trabajo o el estrés.

Y si acaso llevas algunas semanas o meses con algún o algunos síntomas que te preocupan, se vuelve aún más importante realizar este examen. Te propongo que antes de ver a tu doctor, te tomes unos minutos a solas y trates de describir en una hoja de papel —lo más detallado posible— lo que sientes, en qué parte del cuerpo notas algún malestar y desde cuándo con el fin de que cuando estés frente al doctor lo puedas exponer claramente.

No permitas que el miedo te detenga, es posible que descubras algo que no sea grave y de esta forma dejarás de preocuparte y empezarás a atenderte. Piensa que el hecho de vivir preocupado puede afectar tu salud en un futuro.

Cuando vayas al doctor: atrévete a preguntar.

No te intimides cuando te encuentres frente a un doctor, recuerda que él sólo es un experto en la medicina o tratamiento que pueda sugerirte, y tú el dueño y responsable de tu cuerpo... ¡de tu vida!

Te sugiero que hagas las siguientes preguntas a tu doctor antes de irte a casa con tu receta médica:

- ¿Por cuánto tiempo exactamente debo tomar esta medicina?
- ¿Puede provocarme efectos secundarios?
- En caso de que mi cuerpo reaccione negativamente, ¿qué puedo hacer?
- ¿Existe algún alimento, hierba o medicina que debo *evitar* mientras la tomo?
- ¿Qué debo hacer si por alguna razón olvido tomarla por un día?

Participa e involúcrate en todo lo que se refiere a tu salud, de esta forma estarás retomando el control de tu vida y de tu bienestar.

Tres o cuatro minutos diarios, dedicados a la higiene de tu boca, representarán años de bienestar en tu vida.

Qué tal si todos los días, en la mañana, al medio día, en la noche o en la tarde, cuando tú quieras, cuando mejor te acomode, *pero todos los días* te comprometes a limpiar tus dientes y encías con hilo dental.

Según los expertos, diversas y serias enfermedades han sido relacionadas directamente con infecciones en las encías, debido a que las bacterias acumuladas reducen el nivel de protección de tu sistema inmunológico.

Te doy un buen *tip*: si olvidaste traer tu cepillo de dientes al trabajo, después de comer puedes masticar un chicle sin azúcar, esto te ayudará a prevenir las caries que el exceso de comida en tus dientes puede provocar; pero cuando llegues a casa no olvides cepillarlos y sobre todo, usar hilo dental.

Si atiendes tu boca, además de ahorrar costosos honorarios con el dentista y evitar el mal aliento, estarás contribuyendo de manera relevante a tu buena salud en general.

¡Atiende HOY las señales que tu cuerpo te envía!

Es importante que de vez en cuando te regales unos minutos para estar a solas, tal vez al amanecer o al final de tus actividades, con el fin de hacer un recorrido mental del funcionamiento de tu cuerpo.

Reflexiona sobre cómo te sientes cada día al despertar. Por ejemplo, ¿te duele la cintura?, ¿la espalda? Cuando caminas ¿te duelen los pies?, ¿cuando terminas de comer tu digestión es molesta?, ¿tienes frecuentes dolores de cabeza?, o ¿tienes sueño todo el día?

Si reconoces alguna de estas sensaciones trata de reconocer el nivel de molestia, es decir, la más constante, la menos soportable o la que más interfiere con tus actividades diarias.

Como primer paso, atiende este malestar: revisa si esto se debe a la ropa que usas, a los zapatos, a tu cama o a la silla en donde trabajas o tal vez a lo que comes. En segundo lugar, intenta hacer los cambios o ajustes necesarios y si no encuentras alivio después de algunos días, acude al doctor y coméntalo.

No permitas que una pequeña molestia se convierta en la causa principal de una enfermedad futura, o el deterioro de tu ánimo y energía a lo largo del día, de la semana, ¡de los años!

*Busca razones para sentirte vivo y
no para sentirte acabado.*

Qué te parece si haces una lista de los pensamientos de cansancio, enfermedad y disgusto que te acompañan desde el amanecer y que alteran tu perspectiva de lo que haces, de lo que tienes y de lo que sientes durante todo el día.

Por ejemplo:

- Siento que me va a dar gripe.
- No dormí bien.
- Me siento muy cansado.
- Creo que me cayó mal la comida.
- Me siento mal.

Podría hacer una enorme lista, pero tal vez con estos ejemplos puedas reconocer algunos otros "supuestos" malestares.

Haz una lista e identifica esas "muletillas" verbales que repites frecuentemente relacionadas con "tus dolencias" y que no son verdaderos síntomas, sino mal humor y desánimo. Ya que las identificaste intenta borrarlas de tu vocabulario lo más que puedas. Posiblemente notarás que cuando dejes de pronunciarlas dejarás de sentirlas.

Créeme, este tipo de pensamientos te inmovilizan, alejan el gozo de tu vida, te nublan la visión ante nuevas oportunidades y, sobre todo, aniquilan tu imagen personal alejándote de personas optimistas y positivas con quienes desearías y deberías estar.

Por muchos años el bienestar personal fue considerado una aspiración, actualmente ¡es una necesidad!

Si tu vida espiritual y tu salud física se fortalecen, estarás siempre en las mejores condiciones para afrontar el mundo exterior.

Tal vez algunas veces te preguntes: ¿Cómo puedo ser feliz o vivir mejor si todo lo que me rodea está en un ambiente de inseguridad, violencia e incertidumbre?

Yo creo que esta pregunta es precisamente una valiosa razón para empezar a buscar en tu vida personal la armonía, la paz, la seguridad que necesitas darte a ti y a tus seres queridos.

La certeza de tus actos y convicciones, el amor y la compasión hacia los tuyos y hacia ti mismo, son hoy, más que nunca, verdaderamente necesarios.

No te pido que ignores lo que pasa en el mundo, sino que busques la forma de responder a los acontecimientos de manera constructiva y no destructiva.

Imagina cómo sería este mundo si todos nos ocupáramos un poco de nosotros mismos y dejáramos de poner nuestra vida en manos de otras personas o eventos que están fuera de nuestro control. El resultado: habría menos personas enojadas, inconformes, confundidas y enfermas.

Apaga tu mundo exterior sólo unos minutos al día.

Recuerda que si lo deseas, puedes hacerlo, y lo mejor de todo es que no necesitas ningún artefacto o tecnología costosa para lograrlo… todo lo que requieres es tu voluntad y el deseo de encontrar un momento de paz en tu vida.

Cuando sientas angustia, enojo o impaciencia por lo que estás haciendo o dejando de hacer, apaga tu mundo exterior. No importa en dónde te encuentres, siempre es posible separarse de ese lugar o evento por sólo 5 minutos, para "apagar el mundo exterior", silenciar tu mente, relajarte físicamente y tomar distancia del lugar o situación en la que estás.

Nadie puede prohibírtelo, sólo tú puedes darte un momento para ti, para tu cuerpo. Cierra tus ojos y haz 3 inhalaciones profundas por la nariz y exhalaciones lentas por la boca, trata de no pensar en nada, de no atender los ruidos a tu alrededor y concentra toda tu atención en el ritmo de tus respiraciones, imagina cómo el aire que inhalas penetra cada una de tus tensas y cansadas células, al mismo tiempo que las revitaliza.

Cuando exhales trata de imaginar que estás arrojando de tu cuerpo la tensión y el cansancio. Una vez que sientas que has recuperado la normalidad de tus respiraciones, reconoce tu cuerpo empezando por tus pies, mueve tus dedos, flexiona tus tobillos, estira tus piernas al frente, a los lados, expande tu pecho y tus hombros, de nuevo inhala profundo y exhala despacio a la vez que te relajas. Flexiona los brazos y después, muy despacio, mueve el cuello hacia el frente y hacia atrás.

Goza de la tranquilidad de este pequeño pero significativo momento, disfruta la sensación de libertad que esto te produce... cuando regreses a tu trabajo, actividad o compromiso, lo harás con mayor fuerza y equilibrio emocional.

Todo lo que puedes hacer por tu bienestar y sólo tienes que atreverte

Tres muy buenas y prácticas ideas que te ayudarán a mejorar tu calidad de vida para sentirte más feliz.

1.- *El truco de pensar al revés.* Cuando tengas que elegir un alimento sano, hacer ejercicio o cambiar alguna actitud que te hace daño, piensa *primero* en la *recompensa* que esto traerá a tu vida y *no* en el *esfuerzo* que implica. De esta manera te mantendrás motivado y te será menos fácil claudicar.

2.- *Siente un gran amor hacia ti.* Despierta el amor a tu persona, acepta y respeta tus cualidades físicas aunque no coincidan con las que la publicidad y los medios promueven. No olvides que la verdadera belleza viene de adentro y no de afuera.

3.- *El tiempo como aliado y no como enemigo.* Aunque tengas una vida muy ocupada, con numerosas responsabilidades, siempre —si así lo deseas—, encontrarás tiempo para ti, para tu salud, para tu esparcimiento y enriquecimiento personal. Organiza tu tiempo por prioridades y NO olvides considerarte a ti mismo una prioridad.

Cimientos sólidos para tus hijos pequeños

> *Aprendamos a mirar a través de sus ojos y entonces sabremos si vamos por el camino correcto.*

No quiero ser injusto y decir que a los padres de la actualidad nos toca la peor época para educar a nuestros hijos, debido a los enormes cambios sociales, económicos y tecnológicos que vivimos. Creo que en todas las generaciones y etapas de la humanidad, la paternidad ha tenido que enfrentar grandes retos. Por ello, estoy convencido de que la más importante y sólida herramienta que podemos utilizar para criar y educar a nuestros hijos es inculcarles el amor por ellos mismos.

Estarás de acuerdo conmigo que frecuentemente podemos notar cuando un adulto ha crecido con amor y aprecio a su persona o todo lo contrario.

Nuestras palabras, actitudes y acciones como padres, deben transmitir amor y respeto a nuestros hijos. No me refiero a consentirlos o darles todo lo material que nos pidan, hablo de quererlos por lo que son y no por lo que hacen. Debemos atenderlos, apoyarlos y enseñarles a cuidarse.

Si entendemos su ritmo en el aprendizaje diario, y no exigimos que reaccionen como mejor nos convenga o acomode, si nos adaptamos y respetamos su desarrollo, contribuiremos de manera positiva a su vida presente y futura.

> *El permiso para disfrutar comida chatarra NUNCA debe ser utilizado como premio.*

*T*odos deseamos que nuestros hijos sean niños sanos y, por supuesto, que también lo sean en su edad adulta.

Por esta razón te invito a cambiar el hábito de premiarlos con el permiso para consumir comida chatarra y en lugar de ello hacerles comprender que ésta no hace daño si se consume de vez en cuando, pero sí afecta, y mucho, si se vuelve un hábito.

Pocos son los niños que se escapan de la típica infección de oídos, resfriado, dolores de estómago y fiebre. Sin embargo, es importante observar la frecuencia de estos malestares o la severidad de los mismos, pues su salud depende, en gran parte, de las elecciones que hacemos respecto a su alimentación, actividades físicas y el tipo de líquidos que les proveemos.

Fortalecer su sistema inmunológico es la clave cuando son pequeños, y para lograrlo, debes considerar como fundamentales las siguientes acciones:

- Ofréceles a tus niños una alimentación sana, alejada lo más posible de la comida chatarra.
- Dales de beber agua hervida como primera opción, en lugar de refresco o jugos enlatados.
- Impúlsalos a que practiquen una actividad física al aire libre, tanto como sea posible, en lugar de ver televisión y entretenerse con juegos electrónicos.
- Siempre ten a la mano opciones sanas y divertidas para alejarlos de las que no lo son.

La forma de comer en su niñez no sólo afecta su desarrollo actual sino la formación de sus hábitos y preferencias alimenticias para el resto de su vida.

Recuerda que todo lo que hagas por ellos o con ellos quedará impreso en su vida y formará su carácter y destino.

Si tienes hijos entre 5 y 13 años de edad, te sugiero fomentar en ellos hábitos saludables, una rutina diaria de cuidado personal y actividades. Así, ellos tendrán la costumbre de cuidar de su higiene y atender las responsabilidades que correspondan a su edad. Y, adivina, para los papás la tarea de educarlos será más fácil.

Existen diversas estadísticas que muestran que las familias en donde impera la rutina familiar, los integrantes mantienen una mejor calidad de vida: los niños tienen mejor desempeño escolar y buena salud, y por su parte, los papás presentan una mejor relación matrimonial y resultados satisfactorios en su trabajo.

¡Maravilloso! Esto es lo que todos deseamos ¿no?, tener más tiempo para nosotros y nuestra familia y una mejor calidad de vida.

Pero muy posiblemente te preguntarás qué hacer con tantas cosas y actividades que cumplir al mismo tiempo. Te lo prometo: sólo necesitas un poco de esfuerzo y disciplina y no olvidar que conforme crezcan tus hijos deberán aprender hábitos positivos y saludables. Horarios para dormir, lavarse los dientes, bañarse, hacer la tarea, así como para desayunar y hasta para comer juntos, en familia, algunas veces. Y si le echas muchas ganas, puedes considerar si apartas más tiempo para ti y tu pareja a solas, como parte de esta disciplina familiar. Tiempo y espacio que los niños aprenden a respetar si se les enseña desde pequeños, ¿qué te parece?

> *No existe un manual perfecto sobre el arte de educar a nuestros hijos pequeños.*

Quiero comentarte una historia que me hizo reflexionar sobre la forma equivocada en que muchas veces tratamos a nuestros hijos cuando los queremos ayudar. Esta nota la escribió un adulto y dice: *Yo crecí en una casa en donde mis padres nunca fueron mis abogados defensores sino la otra parte: los acusadores, ellos siempre enfocaban su atención en lo que yo hacía mal y muy pocas veces en lo que hacía bien.*

Según los expertos en el tema, muchas veces esta reacción equivocada se debe al afán de los padres de ayudar a sus hijos para que hagan las cosas, sin darse cuenta que provocan todo lo contrario.

Por ejemplo, imagina que tu hijo de 5 ó 6 años ya aprendió que debe poner sus juguetes en su lugar al terminar de jugar. Pero, lógicamente, es posible que 2 ó 3 juguetes puedan quedarse en el piso. Y tú, en lugar de felicitarlo o agradecer su cooperación en el cuidado de sus cosas, lo primero que haces es señalarle que no lo ha hecho bien. ¿Sabes qué? En lugar de lograr que comprenda su error, provocarás frustración en él al menospreciar su esfuerzo porque eliges una reacción negativa a su actitud positiva. En este caso lo mejor es pensar que si aplaudes su acción y le ayudas de manera amable a guardar los juguetes restantes, el niño se sentirá motivado a aprender la forma correcta de hacerlo.

O, por ejemplo, si está en la escuela primaria y ha tenido problemas con las matemáticas, pero en su última boleta mejoró, no al cien por ciento como lo hubieras deseado, claro, "por su bien", pero demostró un avance, felicítalo por ello en lugar de decir que aún sigue bajo en sus calificaciones.

Sé que el aprendizaje de los padres requiere de tiempo, práctica y, sobre todo, paciencia, y a veces no es fácil debido al enorme nivel de energía emocional que nos demanda el deseo de tener hijos exitosos.

Sin embargo, ¿no crees que vale la pena esforzarnos para ser más pacientes, positivos y motivadores con nuestros hijos con el fin de ofrecerles mayores oportunidades para que fortalezcan la confianza en sí mismos y aumenten su destreza?

No hay nada más común en el mundo que adultos fracasados con talento reprimido... pero reprimido por sus propios padres.

Te invito a reflexionar sobre la forma en que muchas veces hablamos —o tratamos— a nuestros hijos de manera equivocada, con la intención de ayudarlos.

La mamá le dice al hijo: "Deja que tu papá te enseñe cómo hacerlo."

El papá le dice al hijo: "No te preocupes, deja que tu mamá te lo arregle." ¿Te suena familiar?

No me refiero a estas palabras exactamente, pero sí al tono y al momento que elegimos para decirlas: muchas veces nuestro tono sugiere de antemano que el niño no tiene la capacidad de descubrir por sí mismo qué hacer, cómo armar, arreglar o jugar con objetos diseñados para su edad. O bien, no tenemos la paciencia ni el tiempo para permitirle que explore y descubra las cosas y el entorno a su propio ritmo.

¿Es increíble, no? Pero son sólo frases pequeñas que derivan en grandes consecuencias.

Nuestra intención y deseo son siempre los de criar a nuestros hijos como personas seguras de sí mismas, competitivas y felices, pero no nos damos cuenta de que para lograrlo ellos necesitan practicar solos desde pequeños.

Debemos tener cuidado con nuestra paciencia cada vez que nos sintamos ansiosos o decepcionados por el tiempo que tardan en armar una torre de cubos o amarrarse las agujetas de los tenis.

Dejemos a nuestros hijos pensar, discernir, crear y descubrir sus propias soluciones.

Cuando enriqueces tu pensamiento, el sentido e interés por la vida crece.

Actualmente contamos con diversos espacios y fuentes de información que nos ofrecen un sinnúmero de propuestas para apoyar el sano e inteligente crecimiento de nuestros hijos. Actividades extra escolares, terapias de integración y desarrollo, así como juguetes interactivos que les ayudan mentalmente.

Te sugiero que antes de comprar algunas de estas opciones, elijas la que *les enseña a pensar* y *no* la que les dice *lo que deben pensar*.

Dos formas muy sencillas y no costosas para ayudarles a ejercitar su pensamiento son: primero, enséñales a adquirir *el valioso* hábito de la lectura, acércalos a libros interesantes, clásicos o de nueva creación, cuyos temas motiven su creatividad, refuercen sus valores y expandan su imaginación.

Y segunda, en la medida de lo posible, elije juegos o juguetes educativos que promuevan el desarrollo de su habilidad para analizar, pensar y decidir, además de divertirlos.

Escoge los juguetes que reten su creatividad, los inviten a concentrarse y a expandir su pensamiento crítico, promuevan la elección y la solución a problemas. De esta forma estarán fortaleciendo su memoria y capacidad de retención, lo cual no sólo les ayudará en la escuela sino en las diversas áreas de su vida.

Por ejemplo, rompecabezas, juguetes para armar, aviones, barcos o el mismo Lego, y por qué no, hasta el ajedrez, el cual tiene la fama errónea de ser un juego demasiado complicado, cuando la verdad es que te hace desarrollar o mejorar tu inteligencia. Si no lo sabes jugar, ésta es una buena oportunidad para aprenderlo con tus hijos, inténtalo.

> *Nuestra experiencia de la niñez es la herramienta más valiosa para reconocer qué tipo de padres somos y cuáles queremos ser.*

Cuando los papás se apoyan mutuamente y respetan sus respectivos puntos de vista, ¡la familia entera gana!

¿Suena bien, verdad?, pero, ¿es fácil? Tal vez no mucho, pero si lo intentamos podremos traer algo de armonía a la vida de nuestros hijos, sólo necesitamos proponérnoslo y luego volverlo parte de nuestro comportamiento.

Se dice que cuando mamá o papá se quejan o hablan mal del otro con sus hijos, lo único que consiguen es provocar un sentimiento de culpa en ellos, ya que frecuentemente los niños se consideran la principal causa de los problemas entre sus padres.

Este tipo de acciones generan una profunda confusión respecto al concepto de familia, así como una serie de repercusiones en el comportamiento de los niños y su relación con sus padres. El amor incondicional que sienten por cada uno desde temprana edad y hasta la adolescencia y, en algunos casos, hasta su vida adulta, no les permite ser objetivos con estos conflictos, lo cual afecta la seguridad y la confianza en su entorno familiar.

Pon todo lo que puedas de tu parte para conectarte con tu esposo o esposa y procura mantenerte unido como padres; no olvides que éste es el motivo principal de la felicidad de un niño.

Intenta separar tus problemas de pareja de los conflictos que tienes como padre o madre, procura no confundir tus diferencias personales con las familiares.

> *Hablar de los problemas económicos con tus pequeños no es fácil, pero sí es posible. ¡Sólo elige la mejor forma de hacerlo!*

Un tema frecuente de discusión entre los padres es el dinero. Por más que tratamos de ocultarlo, nuestros hijos acaban siempre por escuchar nuestras diferencias, y peor aún, muchas veces interpretan que son más graves de lo que realmente son.

Por eso sugiero que, tomando en cuenta su edad, compartas con ellos de una forma tranquila y objetiva la existencia de algunos problemas económicos en la familia. Sin abundar en los detalles, simplemente explícales que existe esta situación, razón por la cual algunas cosas cambiarán por un tiempo respecto a los gastos en casa, y la necesidad que papá y mamá tienen de hablar y ponerse de acuerdo en la forma de resolverlo.

Tal vez una de las razones por las que evitas hablar de este tema con tus pequeños es porque en tu casa fue considerado tema casi prohibido. Sin embargo, es importante entender que al tratar de ocultarlo o pretender que no existe, generas en ti y en tus hijos una gran cantidad de estrés, además de distraer tu energía y atención al problema que debes resolver.

Considero que a partir de los 5 ó 6 años, los niños son más susceptibles de percibir los problemas de este tipo y, al mismo tiempo, son capaces de comprender la información que quieras darles siempre y cuando les transmitas la confianza de que la solución está en tus manos.

Dedica tiempo para valorar tu hogar, sin importar qué tan grande o humilde sea la casa en donde vives.

Algunos padres viven más preocupados por construir una casa para sus hijos que un *hogar*.

Es cierto que el hecho de saber que somos dueños de la casa en la que vivimos nos brinda cierta estabilidad emocional, pero nunca podríamos compararlo con lo que significa tener un hogar para nuestro desarrollo y formación como personas.

Nuestro hogar es sinónimo de familia, fuerza, apoyo, amor...

Un hogar es el espacio en el que nos sentimos a salvo, seguros y sobre todo aceptados por aquellos que nos han recibido en esta tierra.

Es cierto que algunas veces nuestra habilidad para convivir y compartir con quienes habitan nuestro hogar no es la mejor, pero a pesar de ello, la diferencia entre tener un hogar y una casa es precisamente que quienes tienen un hogar, siempre buscan la forma de cerrar sus puertas al individualismo, al resentimiento, a la falta de comunicación y a la violencia.

Quien tiene un hogar vive con quienes lo aman incondicionalmente, con las personas que lo apoyan y comprenden bajo cualquier circunstancia.

Mientras obtienes los recursos para comprar o construir una casa para tus hijos, continua construyendo su hogar con los mejores y más fuertes materiales, como lo son el amor, la paciencia, el respeto y la confianza.

Si tus hijos saben de la inseguridad en nuestras calles, sabrán responder ante situaciones de peligro.

La seguridad de tus hijos puede reforzarse con algunas medidas sencillas que tú les brindes: habla con ellos sobre la inseguridad en las calles de nuestra ciudad:

- Explícales claramente —de acuerdo con su edad—, los riesgos que representa el vivir en una ciudad grande como la Ciudad de México.
- Coméntales de manera objetiva las diferentes formas y lugares en que puede presentarse un incidente: perderse, ser secuestrado o encontrarse en medio de un asalto, incendio o sismo. Todo esto, ya sea en un supermercado, una plaza comercial, la calle o saliendo de la escuela.
- Explícales también que un robo o secuestro no siempre sucede de manera agresiva, que existe la posibilidad de que alguien, de forma muy amable o simpática les invite un dulce, les ofrezca una mascota, el Xbox o iPod que no han podido obtener de sus padres o incluso la

grotesca amenaza de lastimar a sus seres queridos si no acceden a acompañarlos.
- Comenta con ellos la forma de responder a cualquiera de estos escenarios, díles dónde acudir en caso necesario.
- En caso de perderse, sugiéreles que busquen un lugar donde haya más gente, o si saben que tú o algún familiar se encuentra cerca, diles que deben permanecer en un sitio sin moverse y pedirle a alguna mujer, o mamá, que los acompañen mientras los encuentran, y que es importante no moverse para evitar confusión en su localización.
- Asegúrate de que porten sus datos generales en caso de que aún no hablen bien y, si ya lo hacen, ayúdalos a aprender bien sus apellidos y su teléfono.
- Procura tener fotografías actualizadas de ellos y reconocer bien su rop.
- Recuérdales, tanto como sea posible, que no deben acudir solos a los baños públicos y que en los paseos escolares no deben separarse de sus compañeros y maestros, ni abandonar los salones o jardines donde se lleva a cabo la fiesta de sus amigos.

Lo más importante es crearles con sensibilidad el hábito de la precaución y el cuidado, en lugar de promover el temor de vivir en una gran ciudad o de salir a la calle.

Lo más cercano a la realidad, en el futuro de tus hijos, es lo que hoy observas en su niñez.

Muchas personas que han dedicado su vida a estudiar, investigar, promover el cuidado y respeto a los niños, piensan que la base más sólida para la vida armoniosa y feliz de un niño, es el amor de sus padres.

Ni el juguete más maravilloso y moderno, el juego más increíble, la casa más grande, ni todo el dinero del mundo ¡pueden sustituir el gozo de un niño amado por sus padres!

Por todo esto, nunca dejes de decirle que lo quieres, ¡abrázalo todas las veces que puedas durante el día! Lee con él, baila, cuéntale historias y de vez en cuando acompáñalo a la hora de dormir aunque ya tenga 10, 15 ó 20 años.

Recuerda que lo felices, capaces y exitosos que puedan ser en su edad adulta, dependerá de lo que vivan hoy, como niños.

Mamás solteras:
¿Protagonistas en busca del anonimato?

Las mujeres héroes saben que van a triunfar en todo lo que se propongan, aun sin la ayuda del padre de sus hijos.

Este espacio está dedicado a ti, "mujer héroe", que has tenido el valor, la fuerza y la entrega para criar a tu hijo o hijos, sola.

Los héroes son personas valientes que se atreven a hacer lo imposible para ayudar a quienes lo necesitan, se sacrifican por el bien de los demás sin importar el reconocimiento o la recompensa por lo que hacen.

El enorme trabajo y responsabilidad que representa para ti el desarrollo sano de tu hijo o de tus hijos, así como su educación, cultura y bienestar dentro de una sociedad como la nuestra, en donde el apoyo y ayuda a las madres solteras es casi nulo, te hace ser digna de este adjetivo: "Mujer héroe."

Tal vez fue tu elección o quizá las circunstancias no te ofrecieron una mejor alternativa, el caso es que hoy te encuentras sola al frente de tu hogar.

Si alguna vez te has sentido víctima por ello, quiero pedirte que no lo hagas más, simplemente echa un ojito a lo que haces todos los días por tus hijos y te aseguro que encontrarás mucho por lo que debes estar orgullosa de ti.

Quizá tienes que trabajar algunos aspectos que te ayuden a sentirte mejor contigo misma en relación con tu vida como mujer, pero te aseguro que aun viviendo en matrimonio o en pareja, siempre hay cosas que mejorar, lo que debes reconocer hoy, es que el hecho de encargarte de tu hogar tú sola ¡es una honorable hazaña!

Cree en ti, refuerza la confianza en ti misma, protégela y valórala porque ésta es la base de tus decisiones diarias. No menosprecies todo lo que tienes que ofrecer como persona, como mujer, como madre y padre a la vez. Tu fuerza, tu inteligencia, tu amor, tu energía, tu cuidado.

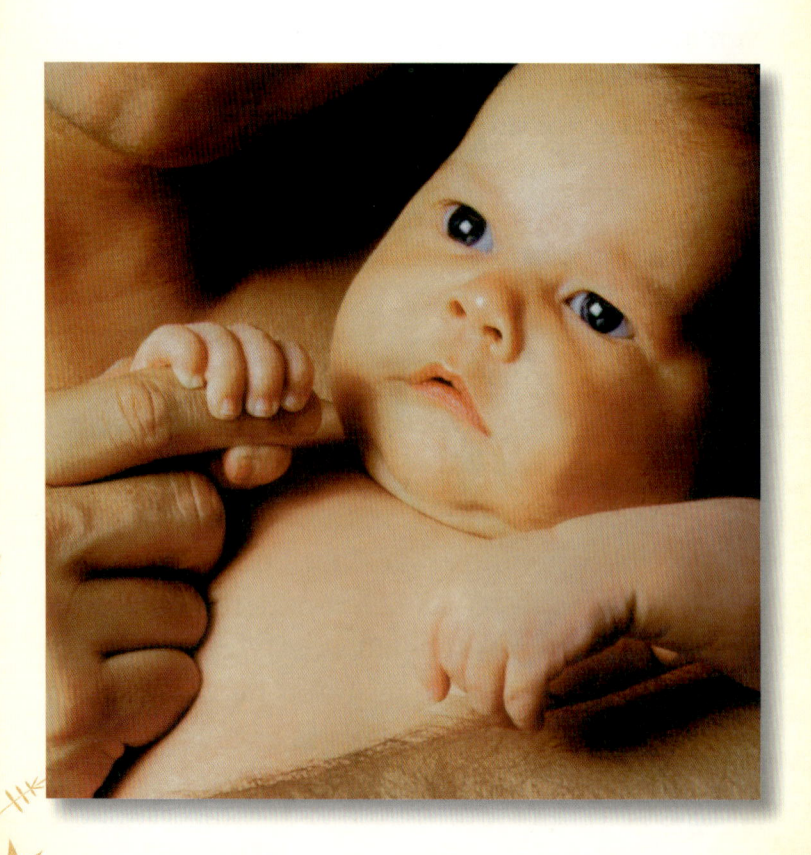

Reconoce el privilegio de saber que tienes el control, ¡cuida tu cuerpo, tu sexualidad, tu vida!

Quiero dirigirme a ti, quien como mamá soltera has pasado por un sinfín de momentos y situaciones nada fáciles.

Quizá eres alguien inmensamente feliz con tu maternidad y esto te ha realizado como mujer, te ha dado una razón muy importante para vivir contenta y con fortaleza.

Quizá eres alguien que se arrepiente profundamente por no haber prevenido el embarazo y vives en constante conflicto con tus responsabilidades maternas, lo cierto es que hoy estás aquí y tienes la fortuna de saberte acompañada en tu vida por un ser que te ama, te aprecia y necesita de ti.

Tu vida ha dado un giro de 180 grados desde el momento en que supiste que serías mamá. Hoy no tienes mucho tiempo para pensar en ti, pues entre tu trabajo y tu bebé la vida pasa. Sin embargo, es importante que no te olvides de ti, de tu persona y, sobre todo, de lo vulnerable que tu vida sexual puede ser en este momento.

El agobio de tus nuevas ocupaciones y demandas maternas puede crear en ti una mayor necesidad de encontrar una pareja que te apoye y ofrezca el amor y comprensión que necesitas, esta situación puede ponerte en una zona de riesgo que no te permitirá distinguir las consecuencias de una decisión apresurada.

Claro que tienes todo el derecho de volver a creer en alguien, de volver a amar si así lo deseas, pero no permitas que tus emociones dominen tus acciones; lo único que te sugiero es que esta vez no te olvides de prevenir inteligentemente si aún no estás lista para tener otro bebé, ya sea con una pareja o tú sola.

> *Tendrás todas las de ganar*
> *protegiendo a tus hijos de sus*
> *propios sentimientos negativos.*

La ausencia del padre de tu hijo debe generar en ti un inevitable dolor y tal vez un gran coraje que afecta tu vida en todos los aspectos.

¿Cuántas veces te ha costado trabajo creer que tu hijo es una razón maravillosa para seguir adelante y que su vida dará sentido y felicidad a la tuya, que en lugar de lágrimas y tristeza te sentirás contenta y llena de amor gracias a su presencia?

Algunas veces incluso, habrás considerado a tu hijo culpable de lo que estás viviendo.

El enojo y el coraje son reacciones normales y no debes sentirte mal por ello, siempre y cuando tengas muy claro que estos sentimientos son parte de un proceso de curación por el que tienes que pasar.

Esconder estos sentimientos o reprimirlos no es la mejor opción, pues estarán ahí por siempre y, cuando menos lo esperes, saltarán a la vista arruinando nuevos proyectos.

Busca la forma de expresarlos: escríbelos, compártelos con alguna amiga o familiar de tu confianza, y habla de lo mucho que te duele y enoja que el padre de tu hijo no esté ahí para ayudarte, para compartir su crecimiento, disfrutar contigo sus primeras palabras, los días de celebración o que no te acompañe durante las noches en vela cuando él enferma.

Es muy importante que dejes de culpar a tu hijo y dejes de pensar que el embarazo fue el motivo de tu separación, pues con el tiempo y una objetiva reflexión te darás cuenta de que algunas personas no son capaces de comprometerse en una relación de la manera en que lo haces tú.

Siempre haz todo lo que esté de tu parte para proteger a tus hijos de tu dolor, de tu enojo y tus sentimientos negativos. No importa la edad que tengan, no dejes de hacerlo nunca. No olvides que ellos, por su parte, luchan con sus propios temores y dudas respecto a su padre ausente.

Ayuda a tu hijo, cuando sea el momento, a expresar los sentimientos negativos que la ausencia de su padre le provoque y si acaso sientes que no estás en condiciones de hacerlo, acéptalo de manera objetiva y trata de encontrar a un adulto en quien confíes que pueda escucharlo y orientarlo al respecto.

Cuida tu salud, así tus hijos tendrán la seguridad de contar contigo.

Cuando te encuentras sola a cargo de tu hijo o planeas hacerlo, tu salud física debe ser una de tus prioridades.

Una buena noticia es que esta área de tu vida la puedes tener bajo control con el solo hecho de desearlo y ser un poco organizada con tu tiempo.

Comiendo sanamente, realizando ejercicio y sin descuidar las revisiones médicas de acuerdo con tu edad e historia genética, podrás prevenir y muy posiblemente evitar problemas de salud.

No permitas que el estrés te haga abandonar los hábitos sanos que adquiriste a través de *Mariano en tu vida* y que te han funcionado muy bien. Observa atentamente si tus presiones familiares te llevan a perder el control de lo que comes, del consumo de bebidas alcohólicas o del cigarro; si es así, pide ayuda a un experto lo antes posible.

Busca la forma de que sean más las veces que bebas agua natural y consumas frutas y verduras frescas que alimentos procesados y refrescos.

Ten presente que esta responsabilidad en tu vida no es temporal sino permanente.

Te sugiero que analices qué parte de tu vida te produce más estrés: tu trabajo, los quehaceres del hogar, la estabilidad emocional de tu hijo, tu situación económica, la falta de pareja, etcétera. Si haces bien esta distinción podrás reorganizar tus prioridades y trabajar en las cosas que necesitas para sentirte más tranquila.

No eches en saco roto esta sugerencia pues el estrés acumulado por situaciones no resueltas se reflejará en tu cuerpo y en tu mente a través del cansancio, dificultad para dormir, depresión, enfermedades y confusión a la hora de tomar decisiones, incluso cotidianas.

Regálate un poco de tiempo al día, aunque sean 10 ó 15 minutos a solas, y concéntrate en tu respiración, estira tu cuerpo al mismo tiempo que inhalas y exhalas lentamente. Si te es posible, 2 ó 3 veces por semana dedica por lo menos 30 minutos al ejercicio; haz lo que te guste pero mueve tu cuerpo.

La forma en que los hijos perciben a sus padres se vuelve esencial a la hora de mirarse a sí mismos.

¿Qué hacer cuando tu hijo empieza a preguntar por el papá que aún no conoce?

Antes que nada, considera que todo comentario negativo sobre su padre impactará su propia vida.

Normalmente —según los expertos en este tema—, la edad en que los niños empiezan a notar la ausencia de su padre es entre los 4 y 5 años, pues más pequeños suelen pensar que todos los niños viven como él. Una forma de hablarles sobre la ausencia del papá es diciéndoles que existen familias distintas a las que él ha conocido en la escuela, los libros o en la televisión, es decir, "papá, mamá, hijo". Tal vez sea bueno comentar de manera positiva algunos ejemplos de algún familiar o conocido que tampoco vive con el papá o la mamá, u otros ejemplos en donde además de los papás y los hijos, viven los abuelos en la misma casa.

Háblale en forma sencilla y dále ejemplos que le ayuden a entender que no todas las familias son iguales.

Cuando tengas oportunidad señala las cosas positivas que él tiene en su familia. Por ejemplo, si viven con la abuelita, menciónale lo afortunado que es al poder conocerla y compartir con ella algunos recuerdos e historias de la familia, además de recibir sus cuidados y cariño diariamente, mientras que otros niños no tienen la oportunidad de convivir frecuentemente con su abuelita o tal vez no pudieron conocerla.

Conforme el tiempo pase y de acuerdo con su edad, surgirán más preguntas de su parte y más oportunidades para ti de confortarlo como sólo una madre lo sabe hacer.

> *Elige el camino de la razón y no el del sentimiento cuando tengas que lidiar con el papá ausente.*

Frecuentemente escuchamos diferentes historias de papás que en un principio decidieron no reconocer a su hijo y más tarde regresan a reclamar sus derechos, o bien de padres que rechazaron el matrimonio y una vez que saben que has empezado una nueva relación se muestran "preocupados", sino es que celosos, por lo que la nueva figura masculina pueda representar para su hijo antes ignorado; o bien, papás que han recapacitado y decidido aceptar su responsabilidad demasiado tarde.

Lo primero que te sugiero es aceptar que tu actitud hacia el padre de tu hijo siempre afectará, para bien o para mal, al fruto de esa relación.

No debes olvidar que, precisamente por el bien de tu hijo, necesitas hacer un esfuerzo para tratar de mantener la relación con su padre de forma más razonable y menos emocional.

Por ejemplo, en lugar de gastar tu energía en peleas y discusiones constantes, busca información sobre tus derechos legales, trata de llevar un diario de los acontecimientos importantes con fechas y sucesos de lo que has tenido que resolver sin su ayuda, los gastos que has realizado en la salud y educación de tu hijo, guardando los recibos y facturas correspondientes, escribe también los días en que el padre ha estado ausente en momentos determinantes, a los cuales ha sido requerido y nunca asistió, si te es posible hazlo desde el nacimiento a la fecha. Esto te ayudará a defenderte legalmente si fuera necesario.

Si existe la posibilidad de establecer una relación de comunicación y respeto con el padre de tu hijo, no dudes en aceptarla, de esta forma él tendrá el beneficio de contar con el apoyo de mamá y papá. Pero cuidado, ten presente que la forma de involucrarse puede no ser la misma todo el tiempo y por ello debes estar segura de que sus intenciones son honestas y para el bien de su hijo.

> *Vivir sola con tus hijos te permitirá mantener una fuerte conexión con ellos y descubrir que las respuestas a muchas de tus dudas no vendrán de los doctores o de los libros, sino de tus propios hijos.*

Abandono, divorcio, separación, o la propia decisión de ser madre pueden ser algunas de las razones para ser mamás solteras.

Pero no son las razones lo que hoy me ocupa, sino la enorme responsabilidad y trabajo que recae en las madres en cuanto a vivienda, comida, transportación, escuela y atención médica para sus hijos, independientemente de la preocupación constante por el impacto emocional que a ellos les causa la ausencia del padre.

Las presiones de esta gran responsabilidad frecuentemente las hace vulnerables a los comentarios o consejos "no pedidos" de las personas que las conocen y hasta de la misma familia, aumentando con esto su angustia y preocupación respecto a si hacen las cosas bien o no.

Yo les sugiero a estas mujeres que no se preocupen por cometer errores, es mejor que acepten el hecho de que los van a cometer, como cualquier otra mamá o papá.

Lo de menos es si están casadas o viven con el padre de sus hijos, lo importante es saber que están dispuestas a aprender de sus errores y seguir adelante.

A la gente en general le gusta dar consejos a las mamás solteras, no lo tomes personal y considera lo que te parezca conveniente y lo que no, ¡ignóralo!

El mejor medidor y fuente de información de lo que estás haciendo deben ser tus propios hijos, ellos serán tus mejores y más confiables maestros, te lo aseguro.

No olvides lo siguiente: una forma de saber cuándo vas por el camino correcto es cuando veas tranquilos a tus hijos, cuando su rostro se muestre en paz; si por el contrario, los notas ansiosos y lloran por cualquier cosa, es que andas en la senda equivocada.

Considera estas señales como la mejor guía para retomar el camino.

*Tu reto es aceptarte a ti
misma de manera positiva.*

Tal vez uno de los momentos más incómodos que una mamá soltera tiene que soportar, son los comentarios y preguntas no apropiadas de algunas personas respecto a su estado civil.

Es muy común que la gente piense que tiene el derecho de opinar sobre tu vida, algunos lo hacen sin mala intención, pero no saben cómo expresarlo y entonces dicen cosas fuera de lugar, otros muchos simplemente tienen la curiosidad de saber por qué y cómo es que el padre de tus hijos no vive contigo.

Pero los más molestos son aquellos que te critican sin razón y, lo más triste, es que estas personas casi siempre son las mismas que no han resuelto sus propios conflictos, familiares o de pareja.

¿Sabes?, creo que algunas mujeres desearían tener el valor de separarse de su abusivo o manipulador marido, algunas otras desearían tener un hijo aún sin un esposo a su lado, pero no se atreven y envidian la libertad y el control que tienes sobre tu vida.

Por su parte, tu familia y tus amigos, la gente que te quiere, algunas veces tiene sus propias razones y prejuicios para no mostrarse del todo abiertas o participativas al respecto, y tú *no puedes ni debes hacer nada para cambiar su posición*, sólo espera a que el tiempo y tus propios logros les ayuden a comprender y respetar tu vida.

Recuérdalo siempre: *no eres una víctima*, víctimas son quienes deciden tomar el camino fácil de la lamentación. Atrévete a confrontar los sentimientos destructivos como la pena, la vergüenza y la culpa; en su lugar atrae los que te reafirmen y te sostengan.

El camino que hoy recorres te convertirá en la persona que siempre quisiste ser: fuerte, segura, independiente, ¡y sobre todo, feliz!

Si eres mamá soltera por elección o por cualquiera que sea la circunstancia, quiero pedirte que nunca te permitas sentirte mal por ello, que no gastes tu energía en lamentos o pensamientos negativos respecto a tu situación.

Tú puedes —igual que cualquier otra mujer en el mundo— lograr lo que te propongas, es más, quiero que sepas que muchas mujeres han llegado a la conclusión de que nunca hubieran logrado muchas cosas, si no hubiera sido porque se vieron forzadas a hacerlo.

Miles de mujeres no sólo han sobrevivido a la tarea de sacar a sus hijos adelante solas, sino que se han convertido en personas dinámicas y talentosas. Quizá estos atributos hubieran permanecido dormidos si no hubieran aceptado o enfrentado de forma positiva la responsabilidad y los retos de su maternidad a solas.

Quizá algún día, muy en el fondo de tu corazón reconozcas que el abandono o rechazo del padre de tu hijo o hijos, más que una tragedia fue un favor que les hizo. No siempre es fácil llegar a estas conclusiones, sólo tu honestidad contigo misma y el deseo de no sentirte una víctima puede ayudarte a reconocerlo.

Con tu energía positiva, la creatividad que llevas dentro y un poco de planeación y organización de tu tiempo e ingresos, sin duda serás absolutamente capaz de criar hijos ¡sanos, felices y productivos!

La Ley de la atracción o sólo ¿atracción a esta ley?

> *Pon en tu mente las imágenes de lo que deseas en tu vida ¡no pongas lo que no deseas!*

"La Ley de la atracción es la fuerza más poderosa de nuestro universo, lo que pensamos es lo que atraemos a nuestra vida." Este es el famoso secreto revelado por Rhonda Byrne en su interesante libro *El Secreto*.

Libros como éste nos ayudan felizmente a reforzar las reflexiones que tú y yo hemos realizado durante todo este tiempo a través de la serie *Mariano en tu vida* con el fin de ayudarte a mejorar tu calidad de vida.

Quizá recuerdes que alguna vez te hablé de una persona que en lugar de preguntar: "¿Cómo estás?", decía: "¿Cómo te trata la vida?" Y cuando la gente le respondía "bien", "más o menos" o "muy mal", esta persona preguntaba: "¿Y tú cómo la tratas a ella?" Al principio me pareció irrelevante pero más tarde me di cuenta de su verdadera intención al saludar de esta forma, pues efectivamente, la vida te da exactamente lo que recibe de ti. La forma en que pensamos y actuamos es, por mucho, la forma en que la vida se manifiesta ante nosotros.

Si piensas que *no* mereces lo que *deseas tener o hacer*, efectivamente nunca lo tendrás porque tú mismo te lo estás negando y nada hay más fuerte que tus propios pensamientos.

Recuerda: nuestras acciones son producto de nuestros pensamientos, y éstos giran inevitablemente alrededor de nuestra vida como la Tierra gira alrededor del Sol.

> *Lo que piensas, lo que haces, lo que dices, determina esencialmente lo que vives, lo que no vives, lo que tienes y lo que no tienes.*

La energía que nuestro cuerpo, mente y espíritu generan, es la base de nuestra vida. Y cuando esta energía es positiva nos da resistencia, tolerancia, claridad mental, bienestar físico y material, y mucha creatividad para vivir. Pero si la energía es negativa nos debilita, nos enferma, nos amarga y empobrece quitándonos lo más valioso: la confianza en nosotros mismos.

Tu mente es quien decide el rumbo de tu vida; el control lo tienes tú, tú eres quien elige tus pensamientos y por ende tus acciones. La energía positiva hace que las cosas se muevan en la dirección que tú deseas.

Si observas con atención te darás cuenta de que cuando tu actitud ante algún proyecto, situación o circunstancia es positiva, tu fuerza, tus facultades y talentos afloran con facilidad; muchas veces puedes, incluso, percibir cómo las fuerzas físicas convergen hacia ti para facilitarte la tarea. La persona correcta aparece en el momento justo, se presenta la llamada que tanto has esperado.

Créelo, date la oportunidad de reconocerlo y podrás apreciar que la energía que tú mismo generas es la que atrae las coincidencias necesarias a tu vida.

Hoy podemos comprender más claramente los efectos que la Ley de la atracción tiene en nuestra vida y la forma en que podemos usarla en nuestro beneficio gracias a la difusión del trabajo, investigación y conclusiones de diversos expertos que aseguran que los humanos somos como imanes y podemos influir en las cosas y situaciones atrayéndolas hacia nosotros.

Sólo nosotros mismos podemos manejar esta energía, pues nada ni nadie puede sentir o pensar en nuestro lugar, son nuestros pensamientos y nuestros sentimientos los que crean un tipo de frecuencia positiva o negativa en nuestra vida.

> *No busques resolver los problemas de un momento a otro, primero reconecta tu energía positiva y después actúa.*

Robert Collier es un maestro de metafísica cuyo trabajo se menciona en el libro *El Secreto*; cuenta entre sus obras con un compendio de siete volúmenes con el título *El Secreto de todos los tiempos*, resultado de largas investigaciones en el tema que lo llevaron al conocimiento de que el éxito, la felicidad y la abundancia pueden ser fácilmente adquiridos por cualquier persona, su conclusión se basa en la siguiente reflexión: "Todo el poder está dentro de uno mismo, por lo tanto, este poder está bajo nuestro propio control.

Dicho de otra forma: ¿Eres feliz con la vida que tienes hoy? ¿No? Entonces cámbiala ahora mismo, tú tienes el poder para hacerlo.

Cuando te hayas decidido te sugiero que tengas en cuenta que el trato gentil y respetuoso hacia ti mismo y a quienes te rodean es el camino para acercarte al origen de tus pensamientos, emociones y acciones que te dañan o sólo te desvían del lugar adonde realmente quieres llegar.

Escribir puede ser una forma poderosa para encontrar claridad en tus conflictos, reflexionando sobre la verdad de las cosas y lo que estás, o no, haciendo para provocar o evitar acontecimientos.

Mediante la escritura puedes conocerte mejor y, en lugar de pelear contigo mismo, asóciate a tu yo interno para conseguir el amor, la libertad y la paz de tu propio ser.

Cuando realices este ejercicio procura mantenerte en silencio durante algunos minutos, después de escribir no hagas nada, trata de no pensar, sólo intenta concentrarte en el ritmo de tu respiración y sé sensible al valor de ese momento y al poder de la reflexión.

Todo lo que necesitamos para tener una vida mejor está en nosotros mismos.

No ignoremos el mensaje que los sabios han tratado —y siguen tratando— de hacernos entender: *el poder está en nuestra mente.*

Tómate un momento en estos días y reflexiona sobre el poder de tu mente. Sí, date cuenta cómo, cuando piensas en algo que te gustaría hacer, ver o tener, las imágenes fluyen libres. Fíjate cómo puedes ir en un instante al pasado o al futuro más lejano. Si deseas, puedes tocar, oler y hasta hablar con las personas que imaginas; incluso escucharlas decir lo que tú deseas. Un ejemplo claro es cuando evocas a una persona cercana, puedes recordar su aroma y percibirlo en ese momento si lo deseas, ¿no es así?

Muchas veces nos imaginamos capaces de lograr lo imposible, lo inalcanzable, pero ¿qué pasaría si en lugar de sentirnos capaces de lograr lo imposible le quitáramos lo "*im*" y sólo pensáramos que *es posible*?, ¿si cuando imaginamos obtener lo inalcanzable le quitáramos lo "*in*" y sólo pensáramos que *es alcanzable*?

¿Recuerdas? Imaginar es una forma de visualizar, y visualizar es concentrar tu pensamiento y tu corazón en un deseo.

> *Apreciemos lo que hoy tenemos, de esta forma estaremos en sintonía para recibir más de lo bueno.*

El éxito, la prosperidad y la abundancia en tu vida dependen de la forma en que te miras a ti mismo, al universo y, lo más importante, tu percepción de la fuente de donde los atraes, así opina Wayne Dyer, mi autor preferido, un gran maestro y conocedor del comportamiento humano.

Wayne Dyer describe de manera muy sencilla los efectos de la Ley de la atracción: "Cambiemos la forma en que vemos las cosas y las cosas que vemos cambiarán." Cuando la percepción de nuestra vida se basa en pensamientos de limitación, pesimismo y enojo en relación con lo que tenemos o vivimos, éstos se manifestarán de igual forma al momento de desear algo diferente.

Si deseas prosperidad y éxito en tu vida empieza por reconocer la forma en que te ves a ti mismo, la forma en que ves al mundo y a la gente que te rodea. Evalúa cuánto enojo y pesimismo te acompañan cada vez que haces, dices o piensas algo.

Ahora pregúntate con honestidad: ¿puedes cambiar la forma de ver las cosas?, ¿puedes ver el potencial que hay en todo lo que te rodea, ¿puedes encontrar lo positivo que hay en ello? Si es así, ¡entonces estás listo para recibir lo que deseas!

> *Empieza hoy mismo a reconocer y a confiar en tus fortalezas, acepta tus debilidades y trabaja con ellas en lugar de lamentarte.*

Cuando te encuentras buscando trabajo o esperando los resultados de alguna propuesta o proyecto laboral, y a la primera de cambios, si alguna cosa no sale como lo planeaste a pesar de que —según tú— estuviste siempre positivo ante ello ¿te enojas, te confundes, te decepcionas?

Te sugiero algo muy sencillo: elige una experiencia reciente y de la forma más honesta pregúntate cuáles fueron exactamente tus pensamientos al respecto.

Por ejemplo, si buscabas trabajo, *en lugar de pensar*: "Claro que sí me van a llamar cuando conozcan mi experiencia." *Pensaste*: "Yo creo que sí me van a llamar *aunque no sea el más calificado* para hacerlo, simplemente porque lo deseo mucho."

Clave: pensaste: *"No soy el más calificado..."*

Conclusión: tú no te consideras calificado por lo tanto tú mismo te estás alejando de esa posibilidad, tú no confías en tí mismo, ¿por qué van a confiar en ti las otras personas?

Lo que tu mente concibe es lo que logras, para bien o para mal. Los resultados de tus nuevos pensamientos y acciones te mostrarán cuando hayas empezado a cambiar.

Así es que piensa siempre positivamente y en presente; prepárate ya para recibir todas las maravillosas sorpresas que la vida tiene para ti.

> *Ser amable contigo mismo y fomentar el aprecio y la bondad en tu vida, es el camino más seguro para alejarte del enojo y atraer la felicidad a tu corazón.*

Si deseas realmente atraer la abundancia material a tu vida, tal vez te ayude revisar tus opiniones respecto a tu trabajo, dónde vives, con quién vives; en pocas palabras, la opinión sobre tu vida. Si te das cuenta de que tus opiniones están cargadas de agresión, pesimismo, crítica o amargura, sería bueno que primero trataras de trabajar en ello.

Si no te es fácil opinar de manera positiva respecto a tu vida actual, hazlo sólo de manera objetiva, es decir, sin poner adjetivos cuando pienses o te expreses respecto a lo que tienes o haces. Inténtalo unos días, por ejemplo, cuando hables de tu trabajo en lugar de usar frases peyorativas como: "Estuve en una estúpida/tonta/absurda reunión que no sirvió para nada", puedes decir: "Estuve en una reunión que no funcionó."

La forma en que percibes la cotidianidad en tu vida genera sentimientos de gusto o descontento, si evitas las palabras ofensivas suprimirás pensamientos negativos y si te esfuerzas por hacerlo de manera objetiva, abrirás un espacio para el pensamiento positivo.

Cuando opinamos sobre los demás quizá tengamos razón en lo que afirmamos, pero es sólo nuestra percepción. Sin embargo, opinar sobre nuestra propia vida se vuelve un pensamiento y una idea que genera una enorme energía sobre nuestro comportamiento.

No importa cuántos deseos tengas de ser feliz, si tus ideas y pensamientos son contrarios, estás eligiendo el camino equivocado.

No hay parejas felices, ¡hay personas felices que hacen pareja!

> *"Algunas personas ven las cosas como son y preguntan ¿por qué? Otras ven las cosas como podrían ser y se preguntan ¿por qué no?"*
> Franklin D. Roosevelt

Es muy común que al principio de una relación de pareja nos concentremos en los aspectos que nos hacen compatibles y no en los que nos diferencian.

Las diferencias pasan inadvertidas, las ignoramos o bien las consideramos sin importancia y con esto hacemos honor a la famosa expresión "el amor es ciego".

Más tarde, conforme el tiempo pasa y estas diferencias adquieren mayor dimensión, se vuelven —en algunos casos— la causa principal de divorcio.

Algunas veces es por la distancia o la "soledad acompañada", que las parejas llevan su matrimonio al fracaso, pues no siempre es a través de peleas o reclamos, sino también a través del silencio y la indiferencia con que manifiestan su desamor. Es como si decidieran poner su relación de pareja en el asiento trasero de su auto.

Tal vez estas parejas piensan que el amor y la felicidad de un matrimonio deben aflorar de manera natural y si no sucede así es porque está terminado.

Yo creo que cuando la pasión y la alegría prevalecen en un matrimonio es porque ambas partes hacen de su relación una prioridad.

La distancia y el silencio no se producen solos, son producto de las decisiones que cada uno ha tomado y también cada uno deberá aportar su disposición si desea reparar la relación. Nada sucederá por milagro.

No seamos recipientes pasivos de los sentimientos. Entendamos que los sentimientos no tienen su vida propia, se construyen o se destruyen.

Aceptemos que una relación que nos ha dado felicidad y gozo requiere de nuestro cuidado, de nuestro esfuerzo emocional e intelectual para que permanezca viva. No olvidemos lo bueno y en su lugar pongamos lo malo, mejor hagamos una evaluación honesta y confrontemos lo que hay que resolver.

> *"Yo nunca me enojo... en lugar de ello, estoy desarrollando un tumor en alguna parte de mi cuerpo."*
> *Woody Allen*

Esta frase me hace reflexionar sobre la situación de algunas personas que a pesar de vivir con enojo o amargura en su matrimonio, se niegan a aceptar o resolver lo que provoca esos sentimientos negativos y eligen, según ellos, "la mejor opción": el divorcio. Piensan que de esa forma acabarán con esos sentimientos, sin darse cuenta de que lo único que hacen es hospedar estas emociones negativas en alguna parte de su cuerpo, lastimando su salud emocional y física.

Según los expertos, diversas enfermedades crónicas siempre se relacionan con problemas emocionales. Desde fatiga persistente, problemas de digestión, migrañas, hasta el cáncer, suelen tener una fuerte relación con el estrés emocional, es decir, con el enojo o rencor desarrollado a lo largo de la vida.

Los sentimientos de furia, de enojo o de rencor debilitan la inmunidad de nuestro cuerpo, de la misma forma que lo protegen las emociones de gusto y satisfacción. Porque las emociones y el sistema inmunológico están estrechamente relacionados.

Una mala relación de pareja pone en riesgo tu salud, por lo tanto, sería mejor que antes de concentrar tu energía, tiempo y dinero en un proceso de divorcio, te concentres en resolver esos malos sentimientos y evita a toda costa que se alojen en alguna parte de tu cuerpo y espíritu.

Cuando liberes estos sentimientos ofensivos, te sentirás más saludable, con mayor energía física y, muy posiblemente, tendrás otra perspectiva de tu matrimonio; seguramente mejores opciones vendrán a tu mente.

> *No importa en qué estado se encuentre ahora tu relación de pareja, siempre podrán mejorarla si ambos lo desean.*

¿Alguna vez ha pasado por tu mente la idea de que mientras más te preocupas por lo que tu pareja hace o deja de hacer, él o ella se ocupa menos de eso?

Por ejemplo, si te la pasas diciéndole lo importante que es mostrar a los hijos una buena relación de pareja o le enumeras constantemente las razones por las que deben permanecer juntos a pesar de todo, lo único que consigues es que él o ella ya no necesite preocuparse por nada, ni hacer ninguna reflexión al respecto, ni imaginar lo que pueda suceder si decidieran separarse. Tú estás haciendo todo el trabajo y no permites su propia reflexión.

Algunas personas hacen de sus reclamos una rutina, un hábito y hasta una forma de vivir, no se dan cuenta de que nada de lo que dicen ayudará a resolver su problema, sino todo lo contrario.

Si realmente deseas mejorar tu relación, lo más importante es reconocer que esto es un reto, un reto de cambio. Y como todos los retos, éste te ayudará a poner en claro lo que quieres lograr. Recuerda que un reto no puede ser un deseo vago sino una acción precisa, pues entre más claro tengas lo que deseas, más fácil será para ti llevar a cabo las acciones para lograrlo.

Te sugiero que al momento de plantear tu reto pienses más en lo que quieres que en lo que no deseas. Describir lo que no quieres será una queja o reclamo, a diferencia de describir lo que quieres, pues esto se volverá un deseo y por lo tanto, una aspiración.

Aún más importante es describir lo que quieres lograr, en lugar de lo que tu esposo o esposa está haciendo mal. Cuando enfoques tu atención en tu deseo, tu comportamiento y actitud serán el nuevo lenguaje de comunicación con tu pareja, de esta forma cautivarás su atención y muy posiblemente la motivarás para que empiece a hacer lo mismo.

¡Haz siempre lo que sea necesario, pero no te quedes sola con todo el trabajo!

¿Ambos trabajan pero resulta que solo tú te haces cargo de los quehaceres domésticos?

¿Quieres que tu marido o pareja te ayuden de verdad? ¡Muy fácil! ¡Deja que lo haga a su manera y no lo critiques!

La queja de los hombres respecto a los quehaceres de la casa no es precisamente el tener que hacerlos, ¡sino que nunca quedan bien!

Existen muchas formas de cambiar un pañal, de doblar la ropa o entretener a los niños y, sin duda, tu forma de hacer las cosas es perfecta, pero no la única. Reconócelo, hasta hoy no se sabe de ningún niño traumado porque algunas veces le pusieron el pañal al revés, ¿o sí?

Criticarlo o pedirle que haga los quehaceres como tú los haces es el mejor y más rápido camino a que te quedes tú sola con todo el trabajo.

Te sugiero que a partir de hoy le brindes tu confianza y la libertad de hacer las cosas de acuerdo con sus posibilidades, recuerda que la perfección y el hábito vienen con la práctica y el tiempo.

¡Ah! Y no esperes que él mida su contribución respecto a lo que tú haces, pues él se comparará con su padre o sus hermanos, y muy posiblemente considere que hace más de la cuenta.

No te permitas ser un número más en las crecientes estadísticas de divorcios en nuestro país.

Cuando amas a tu pareja el perdón no es un pretexto para mantener una relación que no funciona, sino una opción para fortalecerla.

Perdonar es reconocer lo que de verdad importa y un motivo para trabajar en lo que no funciona.

Cuando tomes la decisión de perdonar a tu pareja es importante que más allá de las palabras, lo hagas desde el fondo de tu corazón y con claridad en tu mente. Si no es así, el enojo o el recuerdo de lo que ha sucedido alejarán la paz que ambos necesitan en el proceso para recuperar la confianza y la armonía.

Tal vez tu camino al verdadero perdón sea más largo o más corto que el de otras personas. Sin duda tu esfuerzo será mayor cuando optes por el perdón en lugar de la separación, pero creo que siempre vale la pena cuando se perdona de verdad y con inteligencia, en nombre del amor.

Aléjate de la amargura y apela a tu creatividad para sanar tu vida personal y de pareja; lee, estudia, aprende algo nuevo. Intenta concentrar tu atención en nuevas ideas para crecer como persona y luego en tu relación, permítete ser feliz y disfruta el hecho de seguir en pareja; házlo, mira hacia adelante, nunca hacia atrás.

Valora el poder que la sexualidad tiene en tu relación de pareja.

Los expertos aseguran que ninguna otra actividad impacta de manera positiva en la mayor parte de nuestro cuerpo como hacer el amor.

Incluso algunos aseguran que nuestra sexualidad permanece activa ¡mientras estamos vivos!

Si esto es cierto, te sugiero que en tu lista de prioridades no olvides poner tu sexualidad como algo realmente primordial.

Algunas personas tienden a descuidar esta área de su vida una vez que contraen matrimonio o viven en pareja, porque consideran que a partir de ese momento las prioridades son la atención a los hijos, a su hogar y al trabajo.

Considero que cuando dejas de pensar en tu sexualidad dejas de pensar en una importante condición del ser humano. Y esto sin duda conlleva serias repercusiones en tu relación de pareja, pero más aún en tu desarrollo humano.

Tus deseos, tus dudas, tus creencias y tus miedos respecto a tu sexualidad bien merecen tu atención. No importa tu edad, si tienes hijos o si trabajas más de ocho horas, siempre puedes encontrar —si así lo deseas— un momento para expresar tu sexualidad con tu pareja.

Hacer el amor mejora tu salud física y emocional, además embellece tu rostro, ¿lo sabes, verdad? Conoces bien la linda sensación de pasar del estrés a la alegría cuando haces el amor y lo reinventas.

¿De qué adolecen los adolescentes?

Tus hijos adolescentes y las expectativas...

¡Seguramente será el mejor estudiante! ¡Será un joven muy responsable! ¡Será un chico sano y atlético! ¡Tendrá confianza en mí y me lo contará todo!

Lo anterior, sólo por nombrar algunas de tus expectativas, porque estoy seguro que existen muchas más, ¿no es así?

Recuerda que las expectativas alejan la paz de tu mente, te hacen obsesivo de lo que tiene que ser y lo que no; te hacen inseguro y temeroso por pensar constantemente en la posibilidad de que no resulte lo que estás esperando. Con todo esto contaminas tus emociones y tu juicio de la realidad.

Te sugiero que en lugar de esperar a que tu hijo se convierta mágicamente en el mejor muchacho del mundo, lo ayudes a crecer llevando a cabo las siguientes acciones:

> **1.** Cuando converses con él respeta su punto de vista, aunque no estés de acuerdo con sus ideas. Cuando él sienta que realmente lo escuchas y lo comprendes no dudará en buscar tu consejo y ayuda.

2. Ayúdalo a aprender a tomar decisiones y resolver problemas de manera independiente. Desde tener sus propias llaves y conocer la responsabilidad que esto implica, por ejemplo, encargarse de cerrar la casa por las noches, revisar los recibos de pago de los servicios de luz, teléfono y agua. Así como realizar algunos pagos. Estos ejercicios pueden ser una forma eficaz de hacerlo consciente de los gastos y obligaciones que se tienen en casa.
3. Motívalo a buscar un trabajo de medio tiempo que esté relacionado con lo que desea estudiar profesionalmente.
4. Permítele que experimente el éxito reconociendo ante él todo lo que realice especialmente bien. Si festejas abiertamente sus fortalezas será mucho más fácil hablar de sus debilidades.
5. Si te expresa que algunas actitudes o formas de tratarlo de tu parte lo hacen sentir incómodo, atrévete a cambiarlas y así le estarás mostrando que tú también sabes escuchar.

Los adolescentes y su sexualidad. ¿Qué tanto sabes lo que está pasando con la sexualidad de tus hijos?

Si tienes un hijo adolescente, pon atención en los siguientes datos:

- ¿Sabías que en la actualidad un alto porcentaje de niños y niñas a la edad de 13 años ya han tenido su primera experiencia sexual?
- ¿Sabías que cada año aumenta considerablemente el número de niñas embarazadas durante el periodo de escuela secundaria?
- ¿Sabías que un tercio de la población estudiantil está formado por personas sexualmente activas al terminar la secundaria?

De ninguna manera pretendo alarmarte con estas estadísticas, lo que deseo es informarte sobre una realidad que no debes ignorar.

Es necesario saber prevenir en lugar de remediar. Necesitamos aprender a *ocuparnos* en lugar de *preocuparnos*. Necesitamos aceptar el cambio en nuestra sociedad y no sólo lamentarnos por ello.

Según los expertos en sexualidad, los adolescentes que tienen oportunidad de hablar y consultar con sus padres sobre este tema son menos susceptibles a tener embarazos no deseados, o contraer enfermedades venéreas, incluso tienden a retrasar de manera conveniente su primera experiencia sexual.

No te resistas a creerlo, los padres seguimos siendo las personas de mayor influencia en la vida de nuestros hijos.

> *Aunque te cueste todo el trabajo del mundo hablar con tus hijos sobre su sexualidad, ¡háblalo! ¡No te arrepentirás!*

En algunos casos, la necesidad de una relación íntima a temprana edad se debe principalmente a la necesidad de aceptación y cuando ésta es la razón, los resultados casi siempre son los menos deseados.

A través del amor y la certeza del apoyo incondicional de los padres, el adolescente construye, en gran medida, su seguridad personal.

Esta seguridad lo hace capaz de decir *no* a lo que no quiere, sin pena, sin remordimientos o miedo al rechazo.

Hazle sentirse amado en casa y si estás de acuerdo y esto comulga con tus valores, comparte con tu hijo la idea de que una relación íntima debe suceder cuando los involucrados en esta relación se preocupan por sí mismos y por su pareja. Cuando ambos, además de sentir "mariposas en el estómago", se respetan mutuamente en pensamiento y acción.

Muy posiblemente la primera vez no te sea muy fácil hablar de este tema con tu hijo, pero esto no debe desanimarte. El fin es que él o ella sepa que no debe temer cuando pregunte y mucho menos avergonzarse al comentar contigo sus dudas respecto a algunos cambios físicos o emocionales que ha empezado a reconocer en su cuerpo.

Si no te sientes muy seguro respecto al tema, no te detengas en conseguir información de buenas fuentes, acude a una biblioteca o librería, o bien, solicita orientación a tu médico sobre los aspectos más importantes: cambios hormonales, control natal y prevención de enfermedades.

Alértalo también, de manera tranquila pero precisa, sobre la existencia del abuso sexual por parte de jóvenes o adultos, extraños o conocidos. Motívalo a pedir ayuda y a reconocer señales en donde exista este peligro, a reconocer sus instintos y a actuar con rapidez cuando se sienta vulnerable, que sepa que el alcohol y las drogas disminuyen su visión de la realidad y, por consecuencia, afectan sus decisiones.

La adolescencia puede ser una linda etapa de nuestra vida, o bien, una de las más complicadas.

Un joven que conoce y aprecia su cuerpo tendrá más posibilidades de experimentar un agradable despertar sexual, que un joven que lo desconoce y menosprecia.

Un adolescente que sabe de los diversos cambios que su cuerpo tendrá de acuerdo con su edad y su estilo de vida, podrá desarrollar una actitud más responsable, con menos temores o falsos prejuicios que perturben su sano crecimiento físico y emocional.

El desarrollo de un joven que practica algún deporte y se alimenta sanamente será positivamente distinto al de aquel que lleva una vida sedentaria y consume principalmente alimentos chatarra.

Fomenta en tu hijo el gusto de participar en las actividades deportivas de su escuela, que baile, que brinque la cuerda, que corra y duerma lo suficiente, ni menos ni más.

Invítalo a reemplazar por un tiempo las papas y los refrescos por opciones más sanas. Seguramente percibirá algunos cambios positivos en la forma de sentirse y de verse, como por ejemplo, menos acné, mejor postura y menos panza.

Ayúdalo para que lo intente por unos días y descubra él mismo que si come más sano, podrá hacer ejercicio, si hace ejercicio, dormirá bien, y si duerme bien, ¡se sentirá mejor!, con más energía y una mejor actitud ante la vida.

> *De todos los sentimientos y valores que necesitas fomentar en la vida de tus hijos adolescentes, existen dos que son esenciales: no odiar y saber perdonar.*

En la adolescencia tenemos la tendencia a cuestionar y analizar agudamente a las personas o situaciones que nos han hecho un gran daño en la vida. La indiferencia de alguno de los padres, su paternidad irresponsable, el mal trato, el engaño, alcoholismo o abandono, nos provoca sentimientos de coraje, odio y rebeldía hacia la vida.

Por ello, es fundamental que ayudes a tus hijos a comprender que el odio es la fuerza más destructiva que existe en el universo, que el odio consume y destruye todo lo que toca, empezando por la vida misma.

Debe saber que no existe nada ni nadie en el mundo que justifique su propia destrucción como persona.

No permitas que tu hijo crezca con amargura, hasta que su frustración y sentimientos negativos se vuelvan más fuertes que sus sueños y esperanzas.

Debe saber ahora que algunas personas eligen este sentimiento como excusa para protegerse o sentirse en control de lo que no pueden cambiar, sin darse cuenta que de esta forma se volverán una copia fiel de lo que siempre despreciaron.

Fomenta en tu hijo el hábito del perdón. Motívalo a pensar que un joven valiente no se dejará consumir por sentimientos destructivos y de violencia hacia quienes actúan o piensan diferente a él.

Con el perdón se liberará de situaciones y sentimientos que lo alejan del camino hacia un mejor presente y un mejor futuro.

Ayúdale a descubrir que merece ser feliz y no vivir bajo la sombra de aquellos que con intención o sin ella le han hecho daño.

Tu hijo debe saber que aprender a perdonar lo hará crecer y madurar y, sobre todo, se dará cuenta de que las cosas o situaciones que lo lastimen serán sólo una muy pequeña fracción de su vida entera.

> *Nuestra misión como padres es ayudarles a nuestros jóvenes a verse siempre bajo una luz positiva.*

A continuación te presento una interesante lista de actitudes, reacciones y emociones que jóvenes con bajo nivel de autoestima tienden a manifestar según Gill Hines y Alison Baverstock, autoras del libro *Whatever!* (*¡Me da igual!*), interesante guía para padres con adolescentes:

- Culpan a todos por sus errores, excepto a ellos mismos.
- Dejan que otros tomen las decisiones por miedo a equivocarse.
- Consideran una crítica destructiva cualquier ayuda o comentario a su persona.
- Critican severamente a otros, aún sin conocerlos.
- Se ponen muy contentos con el fracaso de los demás.
- Sólo intentan nuevas cosas cuando son presionados por los demás.
- Dejan de hacer las cosas a la primera falla.

- Realizan cosas que los hacen verse bien ante los demás (favores, regalos, prestan sus juguetes, libros o cuadernos...)
- Se comparan constantemente con los demás.
- Se vuelven obsesivos en las áreas que dominan con el fin de presumir.

Si identificas en tu hijo o hija más de uno de los ejemplos anteriores, te sugiero dedicarle un tiempo para ayudarlo a mejorar su nivel de autoestima.

Ayúdale a comprender que cada ser humano es único e irrepetible y que a pesar de que estamos hechos de lo mismo, unos somos buenos en unas cosas y otros en otras, unos altos, otros delgados, de ojos grandes o pequeños, pero todos somos valiosos, importantes y esenciales en la vida y que lo importante no es ser bueno en algo sino *ser alguien*.

La estabilidad emocional de quien se siente amado por sus padres produce siempre un gran nivel de autoestima.

Del mismo libro *Whatever!* he traducido para ti una lista que presenta algunas de las actitudes que manifiestan los jóvenes con un buen nivel de autoestima.

Si identificas más de una en la vida de tus hijos, puedes considerarte muy afortunada y si no es así, estoy seguro que estos ejemplos te ayudarán a idear la forma de mejorar su propia autoestima.

- Siempre intentan nuevos retos con la mejor disposición, y si fallan no dudan en intentarlo de nuevo.
- Son perseverantes.
- Siempre están abiertos a hacer nuevos amigos.
- Cuando conocen personas siempre están interesados en lo que hacen más que en presumir sobre ellos mismos.
- Aceptan sus errores con buena actitud.
- Tienden a tomar responsabilidad por ellos mismos y por sus acciones.

- Aceptan los errores de los demás sin señalarlos.
- Aceptan y ven normal que no todas las personas tienen la misma destreza.
- Entienden que a cada persona le lleva diferente cantidad de tiempo hacer, entender o aprender las mismas cosas.
- Tratan a las personas con respeto y consideración.

¿Te parece que esto sería el perfil de un joven perfecto?

Yo creo que no es la perfección la que se muestra aquí, sino la estabilidad emocional de alguien que se siente amado, que sabe el valor de su vida y lo mucho que le importa a sus padres y a quienes le rodean.

La comunicación e integración familiar son las mejores armas contra las adicciones.

Desafortunadamente en nuestro país se registran 150 muertes diarias a causa de enfermedades relacionadas con el tabaco: ¡Mueren 13 personas cada dos horas! A pesar de esto, las estadísticas muestran el continuo y acelerado crecimiento en la población de fumadores activos y los jóvenes conforman un alto índice de ella.

La adolescencia puede ser una etapa de rebelión, experimentación y extrema presión por parte de amigos o compañeros de escuela, lo cual muchas veces encamina a los jóvenes a tomar riesgos que les ayudan momentáneamente a liberar sus emociones y a enfrentar el estrés de su nueva independencia adquirida para ser aceptados en el nuevo círculo social.

Fumar es el primer y más cercano riesgo de nuestros adolescentes, así que si sospechas que tu hijo o hija tiene la curiosidad de intentarlo o bien ya lo ha hecho, tienes que asegurarte —cuanto antes— que conozca las consecuencias negativas de fumar, así como la existencia de estudios realizados sobre el cigarro cuyos resultados demuestran que entre más joven se empiece a fumar, más posibilidades existen de volverse adicto a la nicotina.

Y si acaso estás tranquila pensando que tu hijo es inmune al cigarro porque nadie fuma en tu familia, o porque siempre ha escuchado en su casa que el cigarro es malo, o porque no lleva suficiente dinero a la escuela para comprarlos, quiero que sepas que desafortunadamente estos factores no pueden asegurarte que tu hijo no adquirirá esta adicción.

No quiero preocuparte, sólo deseo sugerirte que refuerces tu tranquilidad llevando a cabo las siguientes acciones con el fin de mantener a tus hijos lo más lejos posible del cigarro o de cualquier otra adicción.

Enfócate en promover en tu hijo la confianza en sí mismo y su seguridad en el ámbito social, que sepa reconocer sus aciertos no sólo a nivel escolar, sino de comportamiento, con el fin de que las presiones de sus amigos no sean una influencia negativa.

Escúchalo, aún si lo que dice te parece absurdo, si él no siente que lo escuchas o que continuamente menosprecias su conversación dejará de hacerlo y perderás la oportunidad de identificar señales de peligro y de conocer lo que pasa en su mundo, sus inquietudes, preocupaciones y miedos.

Prepáralo para lidiar efectivamente con situaciones de riesgo. Por ejemplo, pregúntale de una forma casual y en un ambiente amigable ¿qué haría si su mejor amigo le ofrece un cigarro? Si va a una fiesta en donde todos están fumando, ¿fumaría sólo para sentirse parte de ese grupo? Escucha lo que responde y sea lo que sea, reacciona de manera constructiva y ayúdale a encontrar respuestas adecuadas que no hagan sentir mal a sus amigos ni a él. Debe comprender bien que siempre hay formas de decir ¡no!

Insístele que fumar no es una muestra de madurez, que existen muchos adultos que no fuman y muchos de los que lo hacen desearían jamás haber fumado. Enfatiza en que la verdadera madurez significa saber manejar la presión social, tener el control de nuestros pensamientos y de nuestras acciones.

Si acaso eres fumador o fumadora, seguramente te habrás cuestionado miles de veces si tienes derecho o no a pedirle a tu hijo adolescente que no fume. Investigaciones al respecto muestran que si bien es cierto que los hijos de padres fumadores tienen más posibilidades de fumar, también se ha encontrado que cuando los padres de estos jóvenes hablan con ellos al respecto y les informan sobre las consecuencias de este hábito nocivo, de manera honesta y objetiva, el impacto es positivo.

Cuéntale tu historia con honestidad y de manera objetiva: cómo empezaste a fumar, cuántas veces has intentado dejar de hacerlo; háblale del impacto negativo que esto ha tenido en tu salud y en tu manera de vivir.

Te sugiero que si lo ves interesado en fumar, tomes algunas medidas que ayuden a disipar su interés. Por ejemplo, evita tanto como sea posible fumar en su presencia, no estoy proponiendo que lo engañes diciendo que no fumas y lo hagas en otro lado, sino que trates de no hacerlo en su presencia. De manera discreta guarda tus cigarros en algún lugar que no quede a su alcance.

Y si alguna vez o varias habías intentado dejar de fumar, tal vez hoy que tienes uno o dos adolescentes en casa sería un buen momento para intentarlo, además de cooperar con tu propia salud estarás contribuyendo a aminorar el riesgo en el que ellos se encuentran ahora.

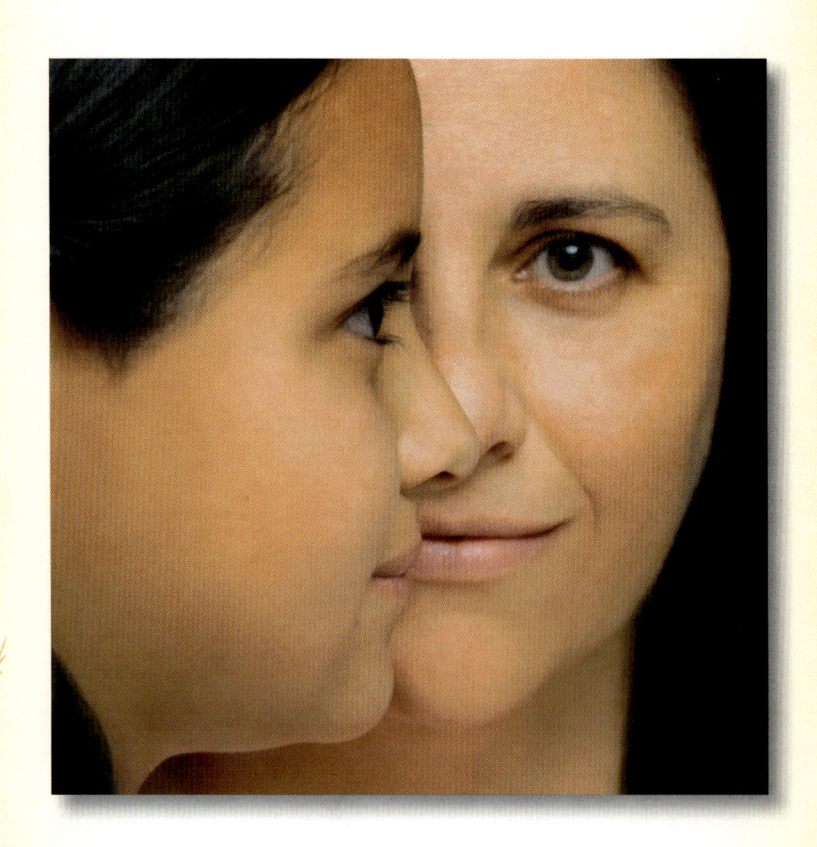

> *Cuando la integridad o la vida de tus hijos esté en peligro, nunca te detengas a decir ¡no!, aunque ante sus ojos parezca que estás equivocado.*

He mencionado la importancia de mantenerse abierto a la negociación, cuando de adolescentes se trata; sin embargo, es importante señalar que existen momentos en donde ni la negociación ni la flexibilidad deben tener lugar.

Cuando su integridad o su vida se vean en peligro debido al contacto o uso de drogas, alcohol o cualquier tipo de sustancia o acción, nunca te detengas para imponer tu autoridad.

En estos casos, una vez que has pronunciado tu desacuerdo, debes mantenerte firme e ignorar toda actitud, ruego, enojo, amenazas o lo que sea. Y cuando digo ignorar, te sugiero que de verdad lo hagas y no te permitas sentir pena, remordimiento o duda por tu actitud o decisión al respecto.

Muchas veces tu posición puede ser dolorosa o incomprendida al principio, pero si cedes una vez, le pondrás en sus manos el arma más poderosa para volverlo a hacer; si por el contrario, mantienes tu palabra, habrá muchas posibilidades de que comprenda y no lo vuelva siquiera a intentar.

Es muy posible que algún día, cuando sea adulto, agradezca tu rigidez en esta experiencia.

Anorexia y bulimia: las malas amigas de las adolescentes.

La bulimia, según los expertos, es un desorden alimenticio que se manifiesta en el hecho de ingerir grandes cantidades de comida para luego provocarse el vómito, así como en el uso excesivo de laxantes y diuréticos, o bien en la práctica excesiva de ejercicio para quemar en una sola sesión todas las calorías consumidas. En algunos casos no es fácil identificar a una persona bulímica debido a que los síntomas no son tan obvios en los primeros meses o años de padecimiento.

Por su parte, la anorexia se considera de igual forma un desorden alimenticio pero a diferencia de la bulimia, una persona anoréxica limita severamente el consumo de alimentos aun cuando sus medidas y peso estén por debajo de los límites saludables. En este caso los síntomas pueden ser más evidentes y uno de ellos es que la persona no acepta su delgadez extrema.

Ambos desórdenes pueden presentarse tanto en mujeres como en hombres, a diferentes edades y las causas pueden ser físicas, psicológicas o sociales. Lo que es importante señalar es que el factor de riesgo en las mujeres adolescentes se considera alto.

No es nuevo para nadie que los adolescentes se preocupan en extremo por su peso debido a los cambios físicos por los que pasan en esta etapa. Si a esto agregamos el bombardeo publicitario de la "supuesta" figura perfecta a los 16 años y la fuerte presión de los amigos, podemos entender la popularidad de estas "malas amigas" en el mundo de los jóvenes.

La alimentación, en esta etapa de la vida de tus hijos, posiblemente está fuera de tu control debido a sus horarios e independencia, sin embargo puedes ayudarlos a evitar estos terribles problemas con el ejemplo y la motivación a respetar su cuerpo y su salud.

Como es un problema más común en mujeres, procura lo más posible compartir las horas de comida con ellas, así como hacerles saber que comprendes y compartes su preocupación respecto a su peso y figura, hazlo, ¡demuéstrales que te importan!

Comenta con ellas de manera amigable pero precisa, los beneficios de incluir verduras como uno de los alimentos principales, sustituir el refresco por agua simple, reducir el consumo de tortillas y harinas blancas, limitar el uso de sal y azúcar refinada tanto como sea posible y aumentar el consumo de yogurt natural, cereales, frutas, pollo y carne con menos grasa.

Motívalas a planear de común acuerdo un programa semanal de ejercicios, que puedan realizar juntas.

El hecho de que tus hijas sientan apoyo de tu parte en algo que a ellas les preocupa, las hará sentir menos estresadas y sin necesidad de buscar alternativas nocivas para su salud.

Aceptar lo que nuestros seres queridos necesitan de nosotros es una enorme y valiosa oportunidad para corregir o mejorar lo que hacemos cada día.

Con base en la opinión de diversos expertos en el tema de la adolescencia, así como en la de algunos padres preocupados por hacer la diferencia en su paternidad, podemos concluir que no importa el nivel económico, académico o social que un joven tenga, lo que ellos esperan de sus padres es lo siguiente:

- Saber que son capaces de perdonarlos.
- Saber que no habrá nada que ellos puedan hacer o decir que los haga dejar de amarlos.
- Tener su atención cuando ellos la necesitan y no cuando los padres tienen tiempo para darla.
- Tener la certeza de que están orgullosos de ellos.
- Su apoyo y amor incondicional.
- Negociar equitativamente las reglas.
- Saber que no siempre les dirán lo que tienen que hacer.
- Muchos preferirían ser regañados que ser ignorados.

Es mi intención que estas conclusiones te ayuden a reflexionar sobre la forma en que estás participando en el desarrollo de tus hijos adolescentes, y que sepas si a través de tus reglas y la forma en que te diriges o comunicas con ellos reciben lo que verdaderamente necesitan de ti.

Aceptar y comprender lo que nuestros seres queridos necesitan de nosotros es una enorme y valiosa oportunidad para corregir o mejorar lo que hacemos y así contribuir a su bienestar.

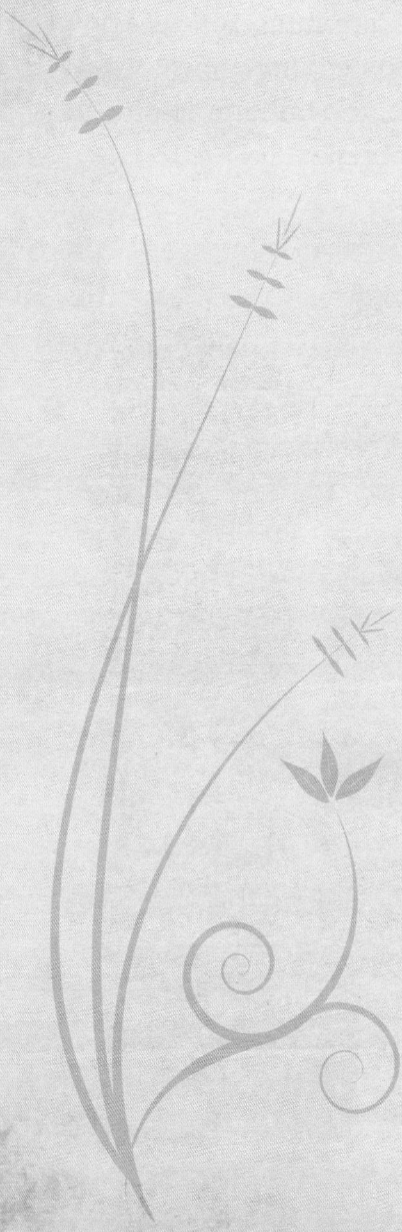

El dinero y nuestros hábitos

> *Para resolver nuestros problemas económicos, antes de pensar en un curso de finanzas, debemos conocernos a nosotros mismos.*

Nuestra formación familiar, nuestras creencias, las barreras internas que llevamos cada uno de acuerdo con el ambiente en que nos desarrollamos o crecimos, son determinantes para el nivel económico que tendremos en nuestra vida adulta.

Aunque no lo creas, en la mayoría de los casos los problemas del dinero no tienen que ver con lo que ganas o recibes, sino cómo y en qué lo gastas.

Incluso si mañana te sacaras la lotería o recibieras una herencia, si no cambias los hábitos, las creencias y el estilo de vida que te han mantenido lejos de la estabilidad económica, muy posiblemente el dinero recibido no marcará la diferencia.

Si tu situación económica te tiene agobiado, tal vez estás repitiendo los malos hábitos que viste en tu familia o has dejado que otros decidan por ti respecto a cuánto debes gastar, ahorrar, ganar, en dónde vivir, a qué escuela llevar a tus hijos, a dónde ir de vacaciones, en lugar de tomar tus propias decisiones de acuerdo con tus preferencias y posibilidades.

¿Qué hacer? ¿Dónde empezar?

Te sugiero el siguiente ejercicio, es muy sencillo y si lo sigues te motivará a dar pasos mayores:

- Durante una semana escribe en un cuaderno tus gastos del día, no te sientas mal si al escribirlos te das cuenta que no eran necesarios, no trates de cambiar nada en este tiempo, comprende que esto es parte del ejercicio y si no lo haces de manera real, no resultará. Al final de la semana revisa de manera honesta y objetiva cuántos de esos gastos pudiste haber evitado y suma la cantidad.
- Durante la segunda semana intenta no realizar esos gastos superfluos y deposita en una alcancía o en un sobre la cantidad exacta de esos gastos no realizados. Al final del mes evalúa si con ello puedes abrir una cuenta de ahorros, si no es posible sigue guardando este dinero hasta que puedas hacerlo. Por favor no te desanimes si esta cantidad es pequeña. Puedo asegurarte que grandes fortunas empezaron con ahorros hasta de cinco pesos al mes.

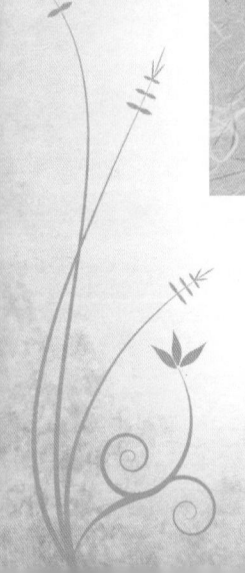

*El dinero es como las personas,
te responde según lo trates.*

Hace algunos meses tuve la oportunidad de leer algunas recomendaciones de un experto en finanzas y me encontré con esta maravillosa reflexión: "El dinero es como las personas" y ¿sabes qué?, estoy de acuerdo con este especialista y espero que tú también después de leer lo siguiente:

¿Cuando hablas de tu dinero siempre dices que no te alcanza para nada y que no te rinde? ¿Lo cuidas *o lo dejas por todas partes, incluso lo pierdes con facilidad*?

¿Pones atención a tus fechas de pago, revisas los cargos extras, las condiciones de uso de tus tarjetas y línea de crédito, *o simplemente pagas lo que dice el estado de cuenta*?

¿Eres respetuoso con lo que ganas? ¿Lo recibes con gusto *o todo lo contrario, te enojas por la cantidad que recibes*?

¿Trabajas durísimo cinco, seis o hasta siete días a la semana *y te gastas todo lo que ganas en un fin de semana*?

Si contestas de manera honesta a estas sencillas preguntas, tú distinguirás si tu dinero está reaccionando de acuerdo con la forma en que lo tratas.

No desprecies tu dinero, valóralo aunque no siempre te dé lo que deseas; en lugar de gastarlo todo, o más de lo que tienes, cuídalo y hazlo crecer.

Al dinero hay que tratarlo con respeto, con gusto; cuidar de él sin importar la cantidad, de esta forma crecerá ¡y prosperarás en tu vida!

Tómate unos minutos y reflexiona sobre la forma en que percibes las cantidades pequeñas de dinero. Desde una moneda de 10 centavos que te encuentras tirada en la calle y dudas en recogerla, o el cambio que te dan en monedas pequeñas y te molestas porque piensas en el bulto que hará en tu monedero o en la bolsa del pantalón, a veces hasta supones que no tiene caso ponerle cuidado a este dinero porque nada podrás comprar con él.

Sé que no es fácil imaginar que una cantidad tan pequeña pueda convertirse en una fortuna, pero mi intención es que comprendas la importancia de valorar y cuidar el dinero sin importar la cantidad.

Tu dinero necesita de tiempo, espacio y cuidado para crecer, igualito que en una relación amorosa, que un árbol o cualquier cosa que te interese mantener y que crezca en tu vida.

Si estás de acuerdo con esto, te voy a sugerir que tan pronto te sea posible te des a la tarea de buscar en tus bolsas de mano, tus sacos, abrigos, y en todos los cajones de tu casa y oficina, todas las monedas que has abandonado en estos lugares y las pongas en un frasco de vidrio suficientemente grande. Y cada vez que lo veas le pongas con gusto las monedas que *ya no* despreciarás.

No te pongas a contar lo que llevas a cada rato, permítele crecer y cuando lo consideres oportuno ponlo en una cuenta de ahorro y empieza de nuevo a llenar el frasco. Ojo, de ninguna manera te desanimes si el total te parece pequeño, sólo piensa que ese dinero podría seguir regado y desatendido en miles de lugares, bloqueando desde ahí la atracción de más dinero a tu vida.

Puedes desear mucho dinero, invocar la riqueza, soñarla... pero si no cambias tu forma de pensar y tus malos hábitos, el dinero ¡no llegará!

Si has intentado hasta el famoso Feng Shui para abrirle camino a la fortuna acomodando los muebles de tu casa, y crees fielmente en la magia para atraer la abundancia a tu vida, quiero decirte que aún te falta lo más importante para lograrlo: saber elegir tus pensamientos y acciones con relación al valor y al uso de tu dinero.

Te voy a dar algunas ideas que pueden ayudarte a lograr que el dinero llegue a tus manos:

Piensa de manera consciente que sí existen caminos para resolver o mejorar tu situación económica actual, lograr la estabilidad que tanto deseas y hasta tener más de lo que necesitas para vivir.

Si tienes deudas siéntete capaz de pagarlas, si tienes planes futuros como el de comprar una casa, créelo posible, y si piensas en tu vejez, imagínate solamente en una posición desahogada.

Respecto a tus acciones, reconozco que para dar el primer paso tendrás que ser muy valiente y determinado para aprender a defenderte de esta tremenda cultura consumista en la que vivimos.

Evita lo más posible caer en la tentación de las campañas agresivas de publicidad respecto a las tarjetas de crédito con las que gastas lo que no tienes y acabas pagando más del doble de lo que consumiste; la venta de autos con "súper atractivos" planes de pagos, los cuales casi nunca coinciden con la capacidad de pago que posee la gente, o las grandes baratas de muchos meses sin intereses, en donde efectivamente no pagas intereses pero el precio de lo que compraste suele aumentar y tu mensualidad te rebasa en tiempo y costo.

Ten en cuenta la siguiente información si en verdad deseas tener más dinero o mejorar tu economía personal y/o familiar:

1. El costo anual en México por uso de tarjeta de crédito es más elevado en comparación con países desarrollados.
2. Las tarjetas de crédito de establecimientos comerciales te cobran, en promedio, dos veces más que las bancarias.

Ante este reto el arma más poderosa es empezar a valorar el dinero que recibes, en vez de todas las cosas que puedes o no comprar con él.

¿Sabías que entre más alto sea tu nivel de autoestima menor será tu deuda?

En diferentes ocasiones he comentado la influencia positiva o negativa que nuestra autoestima tiene en varios aspectos de nuestra vida y uno de estos aspectos es la forma en que manejamos nuestro dinero.

Según los expertos, la forma en que gastamos o cuidamos de nuestro dinero está casi siempre relacionada con nuestro nivel de autoestima: *entre menos autoestima tenemos, más gastamos.*

Un claro ejemplo es el mal uso de las tarjetas de crédito, cuando la usas sólo para mostrar al mundo que tienes posibilidades de compra: grandes comidas y parrandas. O bien aceptar el pago de dinero extra con los respectivos intereses al comprar cosas que no son necesarias.

De ninguna manera me refiero a que tener deudas sea algo malo, el punto está en el tipo de deudas que adquieres. Si usas la tarjeta para pagar una emergencia médica, si pides una hipoteca para pagar tu casa, si aceptas un préstamo para adquirir el auto que necesitas y, sobre todo, si sabes que con tu ingreso te alcanza para pagar las mensualidades está bien, pero debemos ser responsables. En estos casos las deudas se vuelven necesarias y hasta inevitables.

Insisto, si gastar no sólo te hace sentir que tienes más, sino que eres mejor, entonces el problema está en tu autoestima.

Lo importante no es lo que piensen los demás de ti sino lo que tú pienses de ti mismo. Si tienes menos dinero que tus amigos o que tu familia no te avergüences por ello, si tienes deudas acéptalas de manera objetiva y de esta forma empezarás a sentirte más fuerte y con el ánimo de vivir una vida más auténtica. Esta actitud te ayudará a empezar tu recuperación económica.

El dinero produce tranquilidad pero no te asegura la felicidad o confianza en ti mismo, quienes tienen estabilidad financiera y se saben protegidos también necesitan ser organizados y cuidadosos para mantenerla, además de atender y enriquecer su vida espiritual y emocional, la cual en ninguna parte del planeta se soluciona con dinero.

*Los papás
maravillosos y...
los que pueden serlo*

Los papás exitosos nunca buscan tiempo para su familia: ¡lo crean!

Hay muchos papás que trabajan horas extras para proveer a sus hijos lo que necesitan sin echárselos en cara, papás que siempre encuentran tiempo para jugar con sus hijos a pesar de estar cansados, papás que saben que hoy tienen menos tiempo para dormir y ver la televisión, pero más tiempo para dedicarlo a lo que realmente importa: su familia.

Mucho se ha dicho de la ausencia, irresponsabilidad y falta de participación de los papás en la vida de los hijos; sin embargo, debemos reconocer que también existen muchos papás participando activamente en su familia, sobre todo en los casos en que las mamás trabajan fuera de casa, incluso cuando han sido abandonados por sus propias mujeres, lo cual suena imposible, pero tú y yo sabemos que cada vez existen más casos de abandono por parte de la mujer.

Afortunadamente, también sabemos que existen otros casos en donde la mamá trabaja y no ha abandonado a la familia y los padres hacen la *excepción* con su entrega responsable y amorosa, no se olvidan nunca de que ellos son el modelo a seguir de sus hijos y que su presencia y apoyo es indispensable para el futuro.

Estos papás saben que una hija amada crecerá sabiendo que merece ser respetada por los hombres y que los hijos varones aprenden a través del ejemplo y no de palabras.

Sólo necesitamos recordar que el éxito de nuestra paternidad radica en lo que hagamos, y no en lo que digamos.

Si eres un papá que se pregunta con frecuencia si está llevando a cabo una paternidad responsable, quiero que sepas que no eres el único.

Ésta es precisamente una de las preguntas más frecuentes de nuestra generación debido a la enorme avalancha de información y a las diversas influencias culturales dadas a través de los medios electrónicos, en donde nuestros valores y enseñanzas se ven atropellados cada día, generando un sinfín de confusiones respecto al trato y la educación que debemos dar a nuestros hijos.

¿Deseas ser amoroso al mismo tiempo que estricto?, ¿ofrecerles a tus hijos tu amistad al mismo tiempo que exigir su respeto?, ¿quieres dejarlos disfrutar su niñez o adolescencia al mismo tiempo que enseñarles el valor del esfuerzo, el trabajo y la responsabilidad?

¿Te cuestionas cada paso que das, cada momento de debilidad ante su rostro pequeño o sus ojos dulces?

No tengo el secreto de la paternidad perfecta, ni la fórmula mágica para lograrlo por el camino más fácil y rápido, pero lo que doy por cierto es que el respeto, la amabilidad, el establecimiento claro de límites, la honestidad, el aprecio, el trabajo, el compromiso, el dar sin esperar recibir, el amor, la responsabilidad y la bondad, te hacen ser un buen padre.

> *Atrévete a descubrir tus fortalezas,*
> *tus virtudes y lo que eres capaz de*
> *dar como hombre y como padre.*

Tal vez no tenías planeado ser papá pero tampoco lo previniste. Quizá fue "un accidente", pero la realidad es que hoy eres papá.

Tal vez cuando recibiste la noticia no pensaste en algo bueno o de plano creíste que el destino te había traicionado; te sugiero que en lugar de pensar en forma negativa, pienses en que hoy tienes en tus manos la valiosa oportunidad de elegir ser un buen padre.

Puedes evitar que algún día tu hijo te diga: "¡Qué mala jugada del destino darme un padre así", o peor aún: "Yo hubiera escogido otro papá".

La mayoría de las personas piensan que su vida está determinada por circunstancias, por su buena o mala suerte o por su signo zodiacal, y no reconocen la enorme libertad que tienen en sus manos para crear su presente y su futuro a través de sus pensamientos, ideas y acciones.

En tus manos está la calidad de vida que tu hijo tendrá. Tú puedes elegir ser el mejor papá del mundo o el menos capaz; ser amoroso o indiferente, atento o irrespetuoso, compartido o egoísta.

¡Las acciones que hacen ser a un hombre el mejor papá del mundo!

- Siempre antepone las necesidades de sus hijos a sus necesidades.
- Los corrige con respeto.
- Respeta a la madre de sus hijos, aun si ya están divorciados.
- Los motiva a ser siempre los mejores.
- Les ayuda a tomar decisiones cuando ellos tienen dudas.
- Se gana el derecho y el respeto a ser escuchado a través del ejemplo y no de la violencia.
- No deja pasar un día sin decirles lo mucho que los quiere.
- Aprende a cambiar pañales.
- Toma cursos de primeros auxilios cuando va a nacer su primer hijo.
- Hace cambios en la casa para evitar accidentes a sus hijos pequeños.
- Les desea dulces sueños y los abraza al amanecer con una sonrisa en su rostro.

Si tú eres un papá que es o lleva a cabo una o más de estas acciones, ¡te felicito de todo corazón! Estás formando a unos seres humanos maravillosos.

Un papá extraordinario escribe a su pequeño.

Hijo:

Antes de tu llegada nunca pude imaginarme cómo sería el tener un hijo.

Hoy recuerdo el sentimiento que tuve la primera vez que estuviste en mis brazos, el momento en que tus ojos se fijaron en los míos y un sinfín de emociones —que jamás había sentido— recorrieron mi cuerpo.

Con frecuencia pienso en los retos que enfrentarás en tu camino para ser un hombre, nada es nuevo, sólo creo que es diferente. Así que no te angusties. No podré protegerte de todas las adversidades que tus retos te ofrezcan, pero sé que si hago mi trabajo lo mejor posible, tú sabrás lo que está bien y lo que está mal, y entonces podrás elegir por ti mismo.

Ruego para que siempre te guíes por las influencias que construyan y fortalezcan tu relación con Dios.

No espero que tus decisiones sean correctas todo el tiempo, pero anhelo que siempre admitas las equivocadas y no vivas con miedo al fracaso.

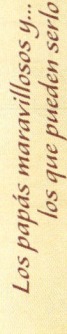

Sé que las estadísticas muestran a una gran mayoría de niños de tu edad que no han conocido a su padre o no han tenido una relación cercana con él y eso entristece enormemente mi corazón, por eso hijo, te pido que tú y yo ¡sembremos un ejemplo para el mundo de lo que puede ser una relación de amor entre padre e hijo!

Tu padre que te ama

(Carta publicada en el libro *Pop: A Celebration of Black Fatherhood* de Carol Ross.)

Heredar una enfermedad es sólo una posibilidad, el resto está en nuestras manos

¡Haz lo que esté de tu parte para mantenerte lejos de las enfermedades!

De acuerdo con información publicada por el Instituto Mexicano del Seguro Social, la diabetes es considerada la tercera causa de muerte en nuestro país. ¿Alarmante, verdad?

A grandes rasgos te describo los tres tipos de diabetes que existen:

- Diabetes tipo I, es cuando tu organismo produce poca o nada de insulina.
- Diabetes tipo II, cuando tu cuerpo no usa efectivamente la insulina que produce, y
- Diabetes *gestativa* o *gestacional*, la cual puede ocurrir durante el embarazo y en la mayoría de los casos desaparece al término de éste.

La diabetes tipo II es la más común y por fortuna puede en muchos casos ser prevenida o controlada con alimentación sana y un óptimo estilo de vida.

Desafortunadamente los síntomas de este tipo de diabetes a diferencia de la diabetes I son menos obvios, incluso muchas veces imperceptibles; por

Heredar una enfermedad es sólo una posibilidad...

lo mismo, muchos diabéticos lo son sin saberlo, hasta el momento que se manifiesta la enfermedad con serias consecuencias.

Asegúrate de que todos los miembros de tu familia atiendan la campaña de salud pública y se midan la cintura para saber qué tan sanos están. En el caso de las mujeres adultas, la cintura no debe pasar de 80 centímetros de circunferencia, mientras que la del hombre no debe ser mayor a los 90. Pues esa llantita que llevamos desde hace algunos años puede que, más allá de causar pena, esté causando un serio problema de salud.

Estudios realizados por la Asociación de Médicos Canadienses, durante 2004, sugieren que la circunferencia de nuestra cintura es un buen indicativo para detectar el riesgo de enfermedades del corazón o problemas en nuestro metabolismo.

Si alguien de la familia tiene la sospecha de ser diabético, que no dude en consultar al médico cuanto antes, adquirir información especializada y tener un diagnóstico médico puede ayudar a prevenir o controlar el avance de esta enfermedad.

Aumenten el consumo de verduras frescas, reduzcan la ingesta de grasas, de azúcar refinada y harinas blancas, beban por lo menos ocho vasos de agua al día y hagan ejercicio, lo cual ayuda mucho; eviten al máximo fumar y consumir bebidas alcohólicas.

Cuando la enfermedad se atiende a tiempo, ¡las posibilidades de cura son enormes!

Desafortunadamente —según los expertos—, en muchos casos las deficiencias cardiacas no muestran síntomas notorios sino hasta el momento de presentarse un ataque; sin embargo, existen importantes señales que puedes identificar para saber si eres susceptible a padecerlo.

Por ejemplo, a través de un examen de sangre se pueden conocer los niveles del colesterol y solicitar al doctor orientación al respecto.

Si en tu familia existen antecedentes de enfermedades cardiacas, de diabetes o problemas de presión alta, no dejes de comentarlo con tu médico y, más aún, si alguien tiene sobrepeso debe empezar a bajarlo, *pero siempre con la supervisión de su doctor para establecer la forma adecuada.*

Mientras tanto hay algo que sí puedo sugerirte con toda libertad: si acaso sospechas que alguien en casa cuenta con algunos factores de riesgo para su corazón, ayúdalo a suspender la comida chatarra y anímalo o anímala a caminar diariamente 10, 15, 30 minutos y si fuera posible una hora, ¡Qué mejor!

> *"Los doctores del futuro no darán medicina, en lugar de ello motivarán al paciente a conocer su cuerpo y mente, así como a cuidar su dieta con el fin de prevenir la enfermedad."*
> *Thomas Alva Edison*

Quisiera que tú, los miembros de tu familia y yo, nos pusiéramos en exacta sintonía, uniendo fuerzas y deseos por un solo objetivo: conocer todo lo que ayude a combatir el cáncer.

Este futuro que predijo Alva Edison es *hoy*, y no debemos esperar a que los doctores tomen la iniciativa, tenemos que tomarla nosotros porque es nuestra salud... ¡es nuestra vida y la de nuestra familia la que está en juego!

¿Cuántos casos conoces en los que los doctores han desahuciado a una persona con cáncer, dándole una esperanza de vida de 6, 8 ó 12 meses y se han equivocado? ¿Cuántos casos conoces en los que el cáncer ha sido descubierto demasiado tarde? Y peor aún, ¿cuántos casos conoces en los que el paciente le ha insistido a su doctor que algo está mal pero el médico no lo escucha ni lo atiende? Conocemos muchos casos tú y yo, tu vecino y tu amiga, y todos escuchamos y vemos sufrir o sufrimos las devastadoras consecuencias de esta enfermedad.

La quimioterapia, la cirugía o radiaciones, juegan un papel importante en el tratamiento del cáncer, sin embargo numerosos casos han demostrado que la atención y cuidado de los aspectos emocionales y espirituales del paciente son igualmente importantes para su recuperación.

Actualmente la ciencia ha empezado a aceptar lo que los curanderos milenarios supieron siempre: que nuestra mente y nuestro cuerpo son inseparables; por lo tanto, nuestro cuerpo requiere algo más que tratamientos médicos, requiere de nosotros mismos.

Cuando un hueso fracturado es atendido sella con el tiempo, una herida cierra cuando se protege, esto es lo que necesita tu cuerpo: ser atendido a tiempo.

¿Qué es el cáncer de mama? ¿Cuáles son sus causas? ¿Cuál es la edad de riesgo?

De forma sencilla podría decirte que en general el cáncer es una enfermedad que ocurre cuando alguna parte de tu cuerpo está fuera de balance, principalmente cuando tu sistema inmunológico está bajo y no tiene la fuerza suficiente para protegerlo de células defectuosas.

El cáncer de mama se manifiesta cuando este tipo de células defectuosas o anormales se instalan en esa área y crecen sin control convirtiéndose en tumores.

¿Cuáles son las causas? Se mencionan varias, sin embargo hasta hoy ninguna se conoce como la causa principal: historia familiar, la inhabilidad de nuestro cuerpo para producir cierta proteína, el tipo de alimentación, tabaquismo, bebidas alcohólicas, estrés en exceso, anticonceptivos, contacto frecuente con pesticidas y productos tóxicos, entre otras tantas.

¿Cuál es la edad de riesgo? Algunos estudios resaltan una frecuencia mayor de cáncer de mama en mujeres de 45 a 60 años, sin embargo estadísticas recientes muestran un incremento en el índice de mujeres mucho más jóvenes.

Si acaso existe la mínima sospecha de que alguien en tu familia es susceptible a esta enfermedad, es muy importante cuidar lo que come. Suspender el cigarro si acaso fuma, cuidar las cantidades de alcohol que consume. Tomar mucha agua y evitar lo más posible harinas blancas y refrescos.

Es necesario buscar suplementos vitamínicos que ayuden a fortalecer el sistema inmunológico y, por supuesto, empezar a ejercitar su cuerpo: caminar, nadar, correr o bailar, cualquiera de las actividades que mejor les acomode.

No deben ignorarse las señales que el cuerpo envía, hay que acudir al doctor e insistir en que algo parece estar fuera de lo normal, y si la respuesta o diagnóstico del médico no es convincente, hay que buscar una segunda o tercera opinión hasta estar cien por ciento seguros de los resultados.

> *Si un examen de rutina muestra anormalidades, insiste a tu médico que haga una prueba específica para detectar la presencia o ausencia de cáncer, sobre todo si tienes más de 25 años.*

Si has tenido relaciones sexuales, aun si éstas han sido esporádicas, es muy importante que te realices la prueba del Papanicolaou por lo menos una vez al año.

El cáncer cervical es la tercera causa de cáncer en mujeres de 20 a 30 años y la segunda en mujeres de 45 a 60 años. Las infecciones por transmisión sexual han sido determinadas como una de las principales razones.

Tal vez escuchaste alguna vez el nombre del virus del *papiloma humano*. Según los expertos, este virus es altamente contagioso y además es común en personas con actividad sexual. La buena noticia es que en la mayoría de los casos el sistema inmunológico lo combate y suprime antes de que pueda causar graves daños o bien cuado es detectado y atendido a tiempo. La mala noticia es que es el virus con mayor incidencia en las mujeres con cáncer cervical.

¿Cuántas veces tu sistema inmunológico se encontrará debilitado y sin posibilidades de defenderte? No lo sabemos, por ello es necesario que estés muy pendiente de tu revisión periódica, al mismo tiempo que de los cuidados necesarios para evitar enfermedades de transmisión sexual. Infórmate y aprende las diferentes opciones que están a tu alcance para protegerte.

Si tienes la más mínima sospecha de que algo no está funcionando bien en esta área de tu cuerpo, no lo dudes más y acude al médico.

Si tienes dolores en la parte baja del abdomen, si aparece un sangrado fuera de tu periodo o la presencia de flujos frecuentes, definitivamente tienes que investigar de qué se trata lo antes posible, aun cuando creas que estos síntomas pueden ser relativos a otra causa con menos consecuencias.

> *Sé que no deseas que la enfermedad cambie tu vida, pero no lo puedes evitar. Lo que sí puedes hacer es que el cambio incluya cosas muy buenas a partir de hoy.*

¿Eres alguien que recientemente ha recibido la desafortunada noticia de que tiene cáncer? ¿Te encuentras en la etapa de crisis, enfrentando una serie de preguntas sin respuesta?: ¿Por qué a ti? ¿Nunca lo imaginaste? ¿Con quién puedes compartir tu pena? ¿Qué tratamiento debes elegir? ¿En quién o en qué debes confiar?

Créeme que comprendo mejor de lo que te imaginas por lo que estás pasando. Por ello me atrevo a sugerirte que hagas lo posible por enfocar la mucha o poca energía que tengas en la búsqueda de soluciones o caminos que te den la fuerza y claridad que necesitas para tomar las mejores decisiones durante este proceso.

Es cierto y absolutamente normal que el enojo, la decepción, la tristeza y el miedo a lo que pueda venir serán en muchos momentos más fuertes que ningún otro sentimiento, pero si pones un poco de tu parte y no te abandonas, tu fuerza regresará muy pronto a ti.

Cree en tu cuerpo, confía en su fortaleza y en las bondades que a lo largo de tu vida te ha demostrado. Enfoca tu atención en las cosas bellas que la vida te ha dado, en las razones que tienes hoy para seguir viviendo y en los seres queridos que hoy te acompañan.

Solicita ayuda, la que necesites, no pretendas que las personas adivinen lo que necesitas, pídelo con todas las letras y esa será la mejor forma para que te puedan ayudar.

Contacta a aquellas personas que mantienen bajo control este tipo de enfermedad o que han erradicado el cáncer de su cuerpo, exprésales tus dudas, tus miedos y escucha con atención todo lo que pueda ayudarte.

Pregunta a tu doctor todo lo que necesites y desees saber, en qué consiste el tratamiento que él propone, pídele que te de diferentes opciones, si en tu caso existen, y qué repercusiones o molestias se pueden producir y cómo aminorarlas.

Solicita en el hospital en donde te atiendas que te provean una lista de los principales alimentos o suplementos alimenticios que te puedan ayudar durante el tratamiento médico. Intenta realizar ejercicios de visualización, de relajación y respiración, lo más que te sea posible, con el fin de liberar el estrés acumulado. Abrázate fuertemente a tu fe tomado de la mano de Dios.

Una constante en quienes se han recuperado del cáncer ha sido que estas personas nunca dejaron de creer en su recuperación.

Si bien es cierto que las estadísticas sobre la presencia del cáncer en nuestra sociedad actual son alarmantes, creo que es justo e importante mencionar las que muestran un incremento en casos de cura milagrosa o espontánea.

Estoy seguro de que conoces o te han platicado de alguna o algunas personas que se recuperaron maravillosamente y eliminaron el cáncer de su cuerpo. Algunas lo hicieron con tratamientos convencionales, otras con tratamientos alternativos, o con ambos, pero el resultado ha sido asombroso.

Quiero comentarte que en algunas partes del mundo se han realizado investigaciones sobre estos casos, en la mayoría de ellos existe una constante: *Esas personas siempre creyeron en las posibilidades potenciales que su cuerpo tenía para curarse a pesar de los diagnósticos de sus doctores, quienes los habían considerado enfermos terminales.*

Los estudios han demostrado que hay muchas cosas que la gente puede hacer por sí misma para contribuir a su propia recuperación, cosas que son tan importantes y trascendentales como los tratamientos médicos a los que deben someterse.

No sólo las personas con cáncer tienen que involucrarse con su cuerpo, tú, yo, todos tenemos que involucrarnos e interesarnos y atrevernos a cuidarlo de manera integral... lo que hacemos, lo que pensamos y lo que sentimos es importante para nuestra salud.

Quiero pedirte algo: debes estar muy al pendiente de ti y de tu familia respecto a la prevención del cáncer, nunca pierdas la esperanza y, sobre todo, promueve el cuidado general de la salud.

Por favor, no sientas más miedo de preguntar, de exigir a tu médico y, sobre todo, confía en tu cuerpo y las señales que te da. ¿Me prometes que lo harás?

A nuestros queridos viejos

Con infinito amor.

Dejar pasar el tiempo sin tomar decisiones respecto a la salud de nuestros padres, cuando dependen en gran medida de nosotros, puede en muchos casos deberse a nuestra propia negación de su vejez y dependencia.

Toda la vida habías tenido un padre o una madre llena de vida e independiente, siempre fueron ellos los que te ayudaron a tomar las decisiones más importantes en tu existencia y hoy justamente es a la inversa.

No te gusta verlos dependientes, o saber que sufren físicamente, sin embargo, no aceptarlo de manera consciente sólo empeorará su condición y la tuya.

Frustración y enojo pueden ser los sentimientos que afloren ante la falta de conocimiento y control de una situación, su relación se tornará hostil y por consiguiente el avance de su enfermedad progresará hasta que no decidas reconocer y actuar. Tal vez no puedas detener la enfermedad, pero lo que sí puedes hacer es contribuir de una forma más constructiva en el proceso de la misma.

Si te mientes a ti mismo sobre este aspecto, estarás distorsionando tu vida entera. La mentira suprime la esperanza y con ella pierdes la oportunidad de encontrar una solución a tiempo.

A nadie nos gusta que las malas noticias sean verdad y por ello nos volvemos ciegos y sordos a las evidencias. Intenta encontrar un poco de tiempo y reflexiona sobre el miedo de aceptar que tus padres han envejecido o pueden tener una enfermedad seria. Pregúntate lo menos fácil y atrévete a contestarte de manera honesta.

Cuando identifiques claramente tus temores podrás trabajar con ellos y, lo más importante, ayudarás constructivamente a tus padres.

Piensa que el regalo más grande que puedes darle a tus padres es el mismo que tú deseas recibir de tus hijos: ¡amor!

"Cada vez que suena el teléfono, pienso que es mi mamá para pedirme algo."

"¡No sé qué hacer con mi padre, va de un médico a otro buscando la curación mágica a sus achaques y no quiere aceptar su vejez!"

¿Te suenan familiares estas expresiones? No te preocupes, no eres el único, estos comentarios son comunes, o digamos típicos, cuando de pronto ha llegado a tu vida el momento de empezar a sentirte responsable del bienestar de tus padres.

Sin embargo, no podemos dejar de reconocer que si nuestros viejos se han vuelto más necios, demandantes u obstinados, no es sólo porque envejecieron. Siempre existe alguna razón y ésta puede ser física o emocional.

Algunas veces las razones de su cambio de personalidad son evidentes, por ejemplo, la pérdida de su pareja o el encierro en casa después de una vida activa de trabajo, pero si en el caso de tus padres la razón no es muy clara te sugiero que investigues sobre su estado físico y emocional.

Algunos hijos se limitan al saludo y a comentar sobre trivialidades con sus padres por el simple hecho de sentir temor a escuchar lo que realmente les está pasando y no saber cómo responder o enfrentar el problema.

Es importante que cada uno de los hijos intente saber qué es lo que sienten sus padres, sea emocional o físico, para que puedan encontrar una solución que alivie en algo o en mucho el sentimiento que los está haciendo actuar de esa manera. Tal vez sólo necesite de un poco más de atención con calidad a su persona.

No es sano para nadie asumir con simpleza que todo lo que pasa a nuestros padres es consecuencia de su vejez.

El más pequeño cambio de tu parte puede hacer una gran diferencia en la forma en que ellos reaccionan hacia ti y los demás.

Investiga sobre los cambios de personalidad en la vejez, así estarás en una mejor posición para comprender a tus padres.

Si en los últimos meses has sentido que tu papá o tu mamá están más callados o tristes, agresivos e intolerantes, o simplemente muy demandantes con tu presencia, te sugiero responder las siguientes preguntas con el fin de discernir de manera objetiva si la causa tiene que ver con su salud.

- ¿Cuándo fue la última vez que se hicieron un examen médico general?
- ¿Sientes que se cansa o duerme mucho?
- ¿Su memoria está empeorando?
- ¿Ha cambiado recientemente de medicamentos?
- ¿Está tomando en orden sus medicinas?
- ¿Está comiendo bien?

Tal vez la respuesta a una o más de estas preguntas te dé la clave de lo que está pasando, si no es así te sugiero que no tardes en llevarlo al médico para obtener un diagnóstico acertado.

Mientras tanto, intenta motivarlo a ser pro activo en el cuidado de su alimentación, evita que coma cosas que alteren su condición física. Si observas que bebe o come en grandes cantidades algún alimento o bebida en especial, busca la manera de convencerlo de que reduzcan las cantidades poco a poco, nada de manera drástica, a menos que el médico lo sugiera.

Si de alguna forma estás involucrado en la compra de sus alimentos, de manera gradual empieza a sustituir las harinas blancas por integrales, el refresco por agua, el café por té y los alimentos fritos por alimentos frescos.

Alcoholismo en los padres, ¿cómo proteger a nuestros hijos?

¿Alguna vez has pensado que las personas más lastimadas por el alcoholismo son las que ni siquiera consumen alcohol?

Sí, me refiero a los niños y jóvenes que viven con un papá o mamá alcohólicos. La negación a la existencia del problema de alcoholismo en la pareja o cónyuge es una poderosa forma de protegerse, de la pena y el dolor que el alcoholismo causa. Por ello, en muchas ocasiones se justifican o minimizan las acciones de violencia o agresión de la persona que está tomada. Difícilmente se acepta que es un alcohólico o alcohólica: "Se le subió porque está muy cansado", "porque está muy presionado en su trabajo", "es que anda muy triste porque falleció *x* persona", "quería divertirse un poco y se le pasó", "mañana se le pasa y nos pedirá una disculpa..."

Es sumamente doloroso aceptar que la persona a quien amas y quien se supone que te ama sea capaz de lastimarte a ti y a sus hijos como lo hace cuando está ebria, por ello prefieres pensar que es sólo una situación pasajera y que las cosas mejorarán cuando resuelva sus problemas.

Desafortunadamente no es así, el tiempo pasa y las ofensas son cada vez más fuertes y frecuentes, de ser la persona más cariñosa cuando está sobria, se vuelve la persona más cruel cuando ha bebido, generando en ti sentimientos contradictorios, coraje, deseos de protegerle, de abandonarle, de lástima y hasta pena por su vida.

Es toda tu energía la que necesitas en una relación con una pareja alcohólica y es mucho el tiempo que necesitarías para encontrar el verdadero porqué o la razón de su comportamiento. Si tienes hijos recuerda que su niñez no se va a detener y esperar a que la situación se resuelva, y en este caso tú eres la única o el único con quien ellos cuentan ahora.

No te sientas nunca responsable del alcoholismo de tu pareja y ayuda a tus hijos a comprender que ellos tampoco lo son. Cuando te liberes de esta responsabilidad te sentirás libre para tomar decisiones sanas y constructivas, tanto para ti como para el enfermo alcohólico, y sobre todo para el bien de tus hijos.

> *¡Siempre aplaudiré a los padres que hacen por sus hijos lo que sus padres no pudieron hacer por ellos!*

Según los expertos en el tema del alcoholismo, un niño que crece bajo la tutela de un padre alcohólico es considerado un alcohólico potencial. Lo anterior implica que, independientemente de todos los problemas de adaptación en su vida emocional y social que enfrentará como adulto, es altamente posible que se convierta en un alcohólico.

Por ello es vital ayudar a un niño con padres alcohólicos para romper el ciclo que tal vez se ha mantenido por años, y que continuará si no se le ayuda a comprender y a manejar lo que sucede a su alrededor.

Según expertos, es necesario que los niños sepan que existe la posibilidad de tener una vida diferente; que los problemas entre sus padres, la violencia o agresión, las promesas rotas o insultos de quien se encuentra bajo los efectos del alcohol, nada tienen que ver con su persona.

Es importantísimo admitir que si el adulto alcohólico no tuvo la oportunidad de recibir ayuda o decidió no aceptarla, sí es posible y necesario ayudar a los niños que están en peligro.

Si tienes una pelea o eres agredido o agredida por tu pareja bajo los efectos del alcohol y en presencia de los niños: no les digas que no pasa nada, no los obligues a ir a dormir, no les digas que no se metan o que no es asunto suyo, pues de esta forma los estás confundiendo y agrediendo sin querer.

Si no te es posible hablar con ellos porque la situación se sale de control, más tarde o al día siguiente, háblales de lo sucedido, permíteles expresarse y demuéstrales tu amor y afecto; acepta ante ellos que su papá o su mamá está enfermo y que este tipo de enfermedad le hace decir y hacer cosas que no desea. Y nunca, nunca asumas que ellos olvidarán lo que ahora sucede por el hecho de ser niños.

Los niños necesitan saber, de acuerdo con su edad, lo que es una adicción.

No debes confundir a tus hijos o callarlos cuando expresan su miedo, enojo, dolor o aislamiento porque su papá o su mamá se encuentran bajo los efectos del alcohol.

Si vives con una pareja alcohólica y tienes hijos entre los 6 y los 15 años, te sugiero que consideres la posibilidad de hablar con ellos de manera clara y objetiva sobre esta situación.

No asumas que ellos entienden, que no les importa o que olvidarán cuando sean adultos y dejen la casa.

Entiendo muy bien que durante años has tenido que lidiar con todo lo que implica vivir con una persona alcohólica, que no sientes mucha confianza en ti misma o suficiente energía para mirar a tu alrededor y pensar en los demás; sin embargo, estoy seguro que tus hijos te importan y que deseas con el alma alejarlos de esta enfermedad.

Hay muchas cosas que puedes hacer por ellos y la primera es aceptar tú, y luego ante ellos, que papá o mamá es alcohólico y que esto es una enfermedad difícil de curar, pero es posible hacerlo una vez que el enfermo se decida o tenga la voluntad de tratarse.

Habla con ellos sobre el problema del alcoholismo en nuestra sociedad, la facilidad con que la gente se engancha con el alcohol, las numerosas provocaciones y pretextos que las personas tienen para tomar en exceso. Aclárales que no es suficiente que ellos piensen que nunca serán alcohólicos; por esta razón es sumamente importante que desde ahora enfoquen toda su energía en su propia vida, que se involucren de lleno con su escuela, en actividades extraescolares como el deporte, la música, la lectura; actividades que les ayuden a olvidar los problemas en la casa y, al mismo tiempo, a enriquecer su vida y no sentir pena por ella; con esto evitarán los sentimientos negativos que en la mayoría de los casos son los motores del alcoholismo.

Coméntales que no son los únicos niños que viven este tipo de problema y que muy seguramente en su clase hay más de un niño que vive lo mismo en su casa; de esta forma sabrán que no están solos y su perspectiva de la situación será diferente.

> *No permitas que pasen los años y tengas razones para sentirte culpable por lo que pudiste evitar y no lo hiciste.*

Si el alcoholismo es un problema presente en tu casa y sientes que la situación ha llegado a niveles en donde tu vida y la de tus hijos peligra, te sugiero que pidas ayuda de inmediato. Identifica a una o algunas personas de confianza con quien puedas hablar de lo que está pasando, una amiga o amigo cercano, un pariente o un vecino, y no te avergüences o sientas culpa por ello, la vergüenza no te ayudará a proteger a tus hijos ni a ti misma.

Habla con tus hijos de esas personas de confianza y diles que a ellas pueden acudir en caso de una emergencia. Ubica en un lugar accesible los nombres, dirección y teléfonos de estas personas.

Si tus hijos tienen entre 6 y 15 años de edad, motívalos a cuidarse ellos mismos cuando la situación salga de control. Por ejemplo, deben evitar subirse al auto con su papá o mamá si han estado bebiendo y de manera discreta elegir el auto de algún pariente o amigo si es posible, pero si no tienen otra opción, que elijan siempre el asiento trasero, se pongan su cinturón de seguridad y mantengan la calma.

Aconséjales que siempre procuren alejarse del lugar y la persona alcoholizada y no traten de participar en discusiones o peleas porque las personas enfermas de alcoholismo generalmente pierden el control de sus acciones cuando beben, y hacen o dicen cosas que nunca harían cuando están sobrios.

Permite, sugiere incluso, que hablen de su problema con alguna persona fuera de casa, tal vez su maestra, un amigo o un terapeuta, para compartir y liberar los sentimientos de enojo, pena y dolor que esta situación les causa. No antepongas tu miedo a las críticas o al "qué dirán", pues tus hijos necesitan ayudarse hablando con alguien de su confianza y tal vez esta persona les dé algunas ideas para lidiar con este problema y confirme todo lo bueno que hay en ellos para tener un futuro diferente.

En algunos casos, a pesar de tus esfuerzos y mejores intenciones para aliviar las heridas que esta situación ha provocado en la mente y el corazón de tus hijos, lo que haces no es suficiente; ellos tendrán que buscar ayuda en sí mismos y en alguien más para salir adelante, si tú lo aceptas y los apoyas en la búsqueda estarás dando a tus hijos el mejor regalo de su vida.

Los hijos de padres alcohólicos deben saber que ellos son capaces de iniciar el cambio en su familia.

Comparto contigo 4 puntos importantes que expertos en el tema sugieren para externarlos a los hijos si éstos tienen entre 5 y 15 años de edad y alguno de sus padres, o ambos, son alcohólicos:

1. El alcoholismo es una enfermedad y su papá o mamá no es una mala persona. La enfermedad le hace perder el control de lo que hace y de lo que dice cuando bebe demasiado. Las cosas malas o absurdas que hace cuando bebe alcohol nunca las haría si no bebiera.

2. Los hijos no pueden controlar lo que su padre o su madre beba y mucho menos son la causa de su enfermedad.

3. Ellos no son los únicos niños que tienen un papá o una mamá alcohólica; el número de enfermos alcohólicos es muy alto en el mundo y por eso es importante que los hijos se cuiden a sí mismos y busquen siempre opciones sanas.

4. Ayudarles a identificar gente a su alrededor con quien hablar de lo que sienten o pedir ayuda si se sienten en peligro. Darles nombres, teléfonos y direcciones de las personas a quienes puedan acudir con libertad.

> *Si eres hijo o hija de un padre alcohólico recuerda que no estás solo, que alguien te ama de manera consciente y desea que seas feliz.*

Quiero muy especialmente dirigir este espacio a ti, mujer u hombre que creciste con un papá o una mamá alcohólicos, y que aún vives atrapado por los recuerdos de tu niñez dolorosa.

Te invito a que te atrevas a darte la oportunidad de liberarte de ese pasado reconociendo tu valioso presente. Haz todo lo que puedas por dejar en el pasado la culpa y la vergüenza que de niño te impusiste sin saberlo, y no desprecies la oportunidad que tienes hoy de amarte y aceptarte a ti mismo para amar y aceptar a quienes hoy son parte de tu vida.

Intenta liberar a tus padres de la responsabilidad de tus acciones presentes y de esta forma te sentirás realmente libre para tomar decisiones sanas y enriquecedoras para tu vida.

Si tienes hijos esta es una razón maravillosa para intentarlo. Aleja de tu mente todos los recuerdos que puedan lastimarte y en su lugar adueñate de pensamientos de generosidad, amor y respeto hacia ti y hacia tu familia.

A continuación te voy a decir algunas de las grandes cosas que tendrás cuando te hayas recuperado de ese pasado lastimoso:

- Dejarás de disculparte por lo que hacen los demás.
- Sabrás con certeza que tú no causaste el alcoholismo de tus padres.
- La preocupación no será una "virtud" más en tu vida.
- No pensarás más que sólo la gente egoísta se divierte.
- Serás capaz de producir el cambio en tu generación y en tus hijos.

Los amigos de verdad siempre traen cosas buenas a nuestra vida

Los amigos descubren fácilmente si tu mirada es triste o si algo te preocupa.

Algunas personas sabemos por intuición que tener amigos nos mantiene sanos, pero también existen investigaciones al respecto cuyos resultados demuestran que las personas amigables se enferman menos, y si se enferman, se recuperan más rápido, a diferencia de las que no lo son.

La convivencia con otras personas nos ayuda a mantener una perspectiva más amplia de las cosas o situaciones. Su influencia en nuestro comportamiento es determinante, ya que en muchos casos son precisamente los amigos quienes pueden detectar algún malestar o enfermedad que ignoramos. Ellos notan si tu mirada es triste, si has bajado o subido de peso y te lo comunican de una manera sensible, motivándote para que acudas al doctor.

En las buenas y en las malas están ahí, aprendes de ellos, te motivan y depende de ti el conservarlos, enriquecer la relación y mantenerla.

Una franca comunicación es la base de una verdadera amistad; cuando tienes la confianza y el valor de confesar a tus amigos sentimientos de agobio y frustración estas sensaciones desaparecen o se aminoran mágicamente. Quienes no tienen la oportunidad de hacerlo los llevan dentro de su alma y cuerpo, dañando no sólo su actitud ante la vida, sino su salud.

Si hasta ahora no has tenido un amigo en quien confiar, búscalo, encuentra a ese alguien con quien puedas contar y compartir. Cuando sientas simpatía por alguien trátalo exactamente como desearías que te tratara a ti.

> *Para tener un verdadero amigo o recuperar al que has perdido ¡sólo necesitas ser un buen amigo!*

No es lo mismo ser amiguero que ser amigo. Algunas personas se consideran muy amigables porque conocen a todo mundo y hablan con toda la gente, pero esto no es lo mismo a ser un buen amigo.

Tal vez habrás escuchado el refrán que dice: "Más vale un buen amigo que mil parientes." Afortunadamente podemos elegir a nuestro amigo y no a los parientes, ¿verdad?

No es la cantidad, sino la calidad. Tener pocos amigos no es algo de lo que tengas que preocuparte, todo lo contrario, eso significa que tendrás más tiempo y dedicación para cuidar su amistad. Tener muchos amigos responde más a una necesidad de ser popular que a la de tener un verdadero amigo.

De hecho, es muy común encontrar que los "amigos" de grupos grandes pierden su individualidad porque adquieren el mismo estilo de vestir, hablar y hasta de pensar de todo el grupo.

La verdadera amistad debe proveerte un sentido de respeto, de ayuda a ser tú mismo.

No consideres amigo a la persona que calla tu opinión, que reprime tu crecimiento u opaca tu personalidad intencionalmente.

A lo largo de nuestra vida habrá momentos en los que desearemos más tener buenos amigos en lugar de tener mucho dinero.

La amistad sincera de un buen amigo es fundamental en estos tiempos difíciles en los que nos vemos rodeados de agresiones, carestía, corrupción y mal clima; esto afecta nuestro humor, nuestro ánimo y confianza respecto a lo que vivimos y deseamos para el futuro, temas que a veces evitamos compartir con la pareja o la familia por temor a preocuparlos o a no sentirnos comprendidos.

Dentro de todas las cosas que nos brindan felicidad, la amistad de un verdadero amigo es la menos costosa. Si te fijas, debemos trabajar arduamente para hacer dinero, no así para hacer amigos, y al final ambas cosas nos retribuyen lo mismo: seguridad, diversión, satisfacciones y alegría.

Sin duda el dinero contribuye a nuestra vida, pero considero que un buen amigo lo hace más.

¿Crees que se puede comprar a un verdadero amigo? Pues al que compres con dinero seguramente no valdrá lo que pagues por él.

Los amigos que se compran son aquellos a quienes complaces sólo por no perder su amistad. Son los que te obligan a comprometer tu integridad para no perderlos y lo cierto es que es mucho lo que pierdes a cambio de su "amistad".

El verdadero amigo es con quien puedes expresar tus dudas e incertidumbre sin temor a ser criticado, con quien puedes ser simplón sin sentirte irresponsable, con quien puedes llorar sin pena ¡y reír hasta que la panza te duela!

Contar con un buen amigo es uno de los valores más grandes que debes atesorar. Ser un verdadero amigo será una de las tareas más honrosas en tu vida.

Los amigos de verdad siempre traen cosas buenas a nuestra vida

Volver a empezar...

> *Asegúrate de sentir amor por tu vida y por la de tus seres queridos, y sólo buenas cosas vendrán a ti.*

Si te encuentras en un mal momento por el fracaso o término de algún proyecto, relación o lo que haya sido importante para ti, y no lograste lo que anhelabas después de haber invertido tiempo, dinero y esfuerzo, quiero invitarte a que te adueñes totalmente de mi lema en la vida: *¡Siempre es posible volver a empezar!*

¡Te lo aseguro! Este lema ha sido por muchos años la base más sólida de mi vida —es más, desde que tengo uso de razón—, he vivido convencido de que pase lo que pase, en momentos de adversidad o desesperanza, ¡siempre buscaré dentro de mí y a mi alrededor, la fuerza y energía para volver a empezar!, para mirar hacia adelante, para creer en Dios, para nunca olvidar el valor de mi vida, de mi familia, de mis amigos y de mi trabajo.

¡Haz tuyo este lema! Empieza desde hoy a convencerte de que siempre hay un nuevo amanecer, que por más que haga frío o llueva por muchos días, el sol volverá a salir, que mientras tengas vida tu responsabilidad en esta tierra es vivirla y para ello tienes sólo dos opciones: vivirla intensamente, de la mejor manera, o verla pasar frente a ti con lamento y pesar.

Elige la primera y regálale tu pesimismo a ese tiempo y a los sucesos que ya pasaron, ¡deja que se lo lleven con gusto!

No justifiques tu mal humor, no le eches la culpa a tu suerte o a los demás por lo que no resultó como deseabas; mejor empieza de una vez por todas a tener fe en que tu vida realmente va a cambiar.

Piensa en que hoy estás dispuesto a aprender, que no hay adversidad, pérdida, dificultad o sufrimiento que no se cure con la fe, con la esperanza y el amor a la vida.

Qué mejor oportunidad en la vida podrías tener que brindarte a ti mismo el permiso de volver a empezar, cualquiera que sea la circunstancia que te lleve a esta determinación.

Esto querrá decir que estarás dispuesto, primero que nada, a dejar de gastar tu energía en los repetitivos y desgastantes pensamientos de "lo que no pudo ser", "si mejor hubiera hecho esto o lo otro", "si tuviera *x* o *z*," o en el lamento de: "¿Por qué a mí?", "¿por qué ahora, si no me lo merecía?"

Sólo imagina el poder y la fuerza que obtendrás al decidirte a empezar de nuevo: tus pensamientos positivos, alentadores, de fe y esperanza te ayudarán a descubrir el mejor camino hacia tu nuevo reto.

Y si en tu nueva jornada te atrapan pensamientos de confusión o desánimo, no te preocupes, mejor ocúpate por reemplazarlos de inmediato por aquellos que te han motivado a volver a empezar. Si mañana al despertar tus primeros pensamientos son los mismos que te preocuparon hoy, detente un momento y antes de levantarte cierra los ojos y respira profundamente; exhala despacio por la boca e intenta poner en tu mente las imágenes de todo lo bueno que sabes que vendrá a tu vida a partir de hoy, pues has decidido comenzar de nuevo.

Reconoce que lo único que realmente no puedes experimentar es volver al pasado y cambiarlo o volar al futuro; lo que verdaderamente puedes hacer es vivir tu presente.

Algunos maestros espirituales afirman que la felicidad es la práctica de vivir sólo en el presente y evitar desperdiciarlo con pensamientos negativos del pasado.

Vivir tu presente es vivir con gusto, con entusiasmo, dispuesto a dar y recibir, dispuesto a aprender de la adversidad y seguir adelante, vivir intensamente el hoy a través de lo que dices, haces y sientes.

El solo deseo de volver a empezar te liberará de las sombras del pasado e iluminará un nuevo camino para vivir con alegría.

Sé que no poseo la verdad absoluta y muy posiblemente pienses que tus razones para sentirte sin ganas de volver a empezar son valiosas y justificadas. Sin embargo, ahora que estás leyendo este libro me concedes la maravillosa oportunidad de intentar convencerte de lo contrario, y no la voy a desperdiciar.

Primero que nada te sugiero que borres de tu mente la idea de que lo has intentado todo, pues de esta forma lo único que haces es fomentar en ti y para ti mismo los sentimientos más destructivos, como son la desesperanza, la desilusión y el resentimiento.

Todo sufrimiento o pérdida debe tener un tiempo de duelo, de reflexión y hasta de enojo por lo sucedido; sin embargo, establecer este suceso como parte fundamental de nuestra vida presente y futura es la mejor forma de vivir en la desesperanza y en la agonía durante lo que nos queda por vivir.

Identifica los malos hábitos que te han atrapado en esa actitud negativa, tal vez sea tu poca disciplina en el trabajo o el mal manejo de tus finanzas, la falta de organización de tu tiempo, la ausencia de voluntad para terminar una carrera, no saber decir *no* cuando así lo deseas, la escasa paciencia con tus hijos o hacia tus padres ahora viejos, tu falta de determinación para dejar de comer o beber lo que daña tu salud física y emocional, y hasta la forma en que reaccionas a la adversidad.

No olvides alejarte de las personas negativas, pues son capaces de deprimir a la persona más entusiasta y positiva con su interpretación pesimista de la vida. Además, nada refuerza más el enojo y la frustración de la gente negativa que la presencia de una persona positiva y exitosa.

Si tan sólo sientes el deseo de *volver a empezar* ya diste el primer y más importante paso a una vida nueva, ¡en ella serás capaz de alcanzar absolutamente todo lo que soñaste!

Epílogo

De corazón...

Creo que estarás de acuerdo conmigo, en que la mayoría de las personas se encuentran muy preocupadas por la violencia en las calles, la inseguridad, la falta de honestidad de nuestros gobernantes, el cambio climático, la globalización, las nuevas tecnologías de la comunicación y todo cuanto pasa fuera de sus hogares, pero lamentablemente prestan escasa atención y poco cuidado a lo que sucede dentro de ellos.

Yo estoy convencido de que nuestro hogar, nuestra familia, nuestros amigos y nuestro trabajo deben ser nuestra prioridad, pues en algunos casos es precisamente en estos espacios en donde se originan muchos de los problemas que existen en la calle, en nuestro país, en el mundo.

Si gastáramos menos energía discutiendo, acusando y lamentándonos sobre las cosas de las que no tenemos control, y empezáramos a atender lo que sí está en nuestras manos, como lo es la calidad de nuestra vida personal y de nuestras familias, estoy seguro que contribuiríamos —y mucho— a aminorar los problemas sociales que tanto nos afectan en la actualidad.

Quiero insistir en que *Mariano en tu familia* es una recopilación de experiencias e ideas propias, así como las de expertos en el desarrollo humano.

Interesantes referencias a conceptos y filosofías, tanto milenarias como contemporáneas, además de profundas reflexiones y sugerencias se dan cita en este libro, las cuales podrían ayudarte a revisar lo que está pasando en tu vida como ama de casa, como padre de familia, como hija, como hermano, como amigo y como ser humano.

De ninguna manera esta información pretende sustituir la consulta médica o experta en la materia, tampoco sugiere el auto diagnosis de una enfermedad o tratamiento y mucho menos contiene la solución absoluta a tus problemas.

Mariano en tu familia tiene un solo propósito y este es el de motivarte e inspirarte —con la mejor intención— a cuidar y valorar tu vida y la de tu familia. Como anoté al principio del libro, tú elije sólo aquello que comulgue con tu forma de pensar, y cuando decidas ponerlo en práctica confía, ante todo, en tu propio criterio.

Bibliografía

Despierta tu conciencia
Reyes Spíndola, Lilia; Grijalbo, 2008

Padres buenos, padres malos
Juárez Badillo, Patricia; Grijalbo, 2008

Guía de la grandeza: Nadie es mejor que tú, excepto tú
Sharma, Robin S.; Grijalbo, 2007

Cómo mantener el encanto en su matrimonio
Hubbard, L. Ronald; Panorama, 2006

El ABC de la felicidad
Marinoff, Lou; Ediciones B, 2006

Los 100 secretos de las familias felices
Niven, David; Grupo Editorial Norma, 2005

Saber crecer
Rivas Lacayo, Rosa Argentina; Urano, 2007

Las palabras precisas en el momento oportuno
Thomas, Marlo y amigos; Diana, 2004

El Secreto
Byrne, Rhonda; Urano, 2007

El cuadrante del flujo de dinero
Kiyosaki, Robert; Aguilar, 2004

El poder curativo de la mente
Thondup, Tulku; Ediciones B, 1997

Principios poderosos para el éxito
Sims, Donaldo; Diana, 1995

Lo que sí importa en la vida
Carlson, Richard; Alamah Autoayuda, 2004

* * *

The Power of Intention
Dyer, Wayne; Hay House, 2005

The Art of Happiness
Holiness, His, The Dalai Lama;
Riverhead Books, 1998

101 Really Important Things You Already Know, but Keep Forgetting
Zelinski, Ernie J.; VIP Books, 2007

The Art of Being Kind
Einhorn, Stefan; Pegasus Books, 2007

Dreams Have no Expiry Date
Gottlieb, Laurie and Rosenswig, Deanna;
Random House, 2005

When Things Fall Apart
Chödrön, Pema; Shambhala, 2005

Whatever!
Hines, Gill and Baverstock, Alison; Piatkus Books, 2006

Become a Better You
Osteen, Joel; Free Press, 2007

Acerca del autor

Mariano Osorio es el conductor y director del programa radiofónico "Hoy con Mariano", que se transmite desde la Ciudad de México y cubre además 26 ciudades de la República Mexicana, 7 horas diarias los 7 días de la semana.

Algunas de las secciones favoritas de su programa rebasaron ya el ámbito radiofónico para convertirse en obras independientes, como es el caso de su reconocida colección de 5 discos *Reflexiones*, la narración de *Francesco* y su primer libro *Mariano en tu vida*, cuyo enorme éxito y franca aceptación de sus lectores promueven hoy la creación de *Mariano en tu familia*.

La calidad humana, la superación, la voluntad, así como un sinnúmero de valores universales, son los temas de reflexión que siempre enmarcan su discurso personal.

Su programa radiofónico cuenta con el mayor número de radioescuchas a nivel nacional y lo ha hecho acreedor al Premio "Principios" 2007 y 2008 por los Mejores Contenidos de Radio y Televisión en México, otorgado por el Consejo de la Comunicación, A.C.

Debido a la continuidad de sus éxitos y a la inminente contribución positiva que ha hecho en la vida de millones de ciudadanos, ha sido nominado por la revista Líderes Mexicanos, entre las 300 personalidades más influyentes de México, desde el año 2006 y hasta la fecha, en la categoría de Líder de Opinión.

Por su calidad humana, Mariano Osorio es una personalidad que trasciende, para bien, entre los mexicanos.

Mariano en tu familia, terminó de imprimirse en
octubre de 2008 en Editorial Impresora Apolo,
S.A. de C.V., Centeno 150, Col. Granjas Esmeralda,
09810, México, D.F.

3/09
MAIN LIBRARY